KB275445

신개념 성(性)심리상담

문지영의 섹스테라피

Sex Therapy

문지영 | 지음

문학여행

제 1장 :
성(性)심리 상담소

Lesson 1 | 재미있는 인간의 성심리

Lesson 2 | 콕콕 찝어주는 나의 성심리

제 2장 :
이것을 알려주마! 궁금한 섹스테라피

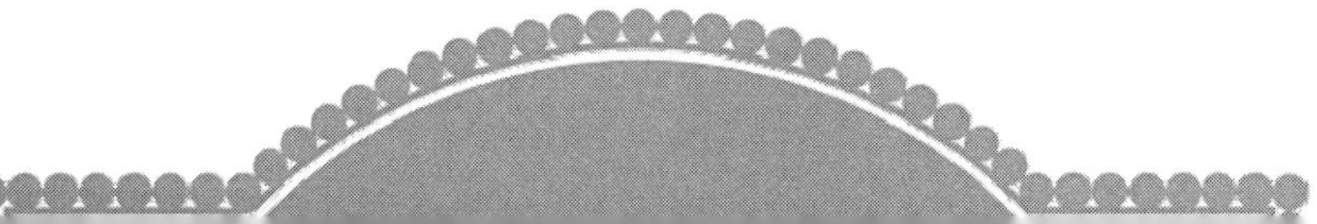

제 3장 :
성(性)장애 심리상담 사례 퓨전소설

Lesson 1 | 성기능 장애

Lesson 2 | 성행동 장애

〈문지영의 섹스테라피〉 추천사

서 민
단국대학교 기생충학과 교수

한 남자가 병원에 왔다. 고환이 아파서였다. 남자의 사연은 다음과 같다. 그는 평소 정력이 약하다는 생각 때문에 고민이었다. 남자의 상징은 정력인데 정작 자신의 정력은 약하니 본인이 남자도 뭣도 아니라는 생각이 그를 괴롭게 했던 것.

그는 정력에 좋은 음식이라면 뭐든지 먹기 시작했고, 결국 뱀을 날로 먹기까지 이른다. 뱀에는 '스파르가눔'이라는 하얗고 가느다란 기생충이 들어 있는데, 이것은 사람에게 들어가면 뇌와 눈을 비롯해 몸 여러 곳을 휘젓고 돌아다닌다. 이 남자의 몸에서 스파르가눔이 택한 곳은 다름 아닌 고환이었다. 고환에 염증이 생겨 부풀어 오르자 남자는 좋아했다. "과연 뱀이 효과가 있구나!" 하지만 심한 통증으로 인해 병원에 간 그에게 의사의 말은 날벼락 그 자체였다.

"기생충 때문에 고환 한 쪽을 잘라내야 합니다."

진정한 남성이 되기 위해 뱀을 먹었던 그. 짝고환이 된 채 살아가는 그는 지금 무슨 생각을 할까. 뱀 먹은 것을 뼈저리게 후회하고 있지 않을까?

많은 남자들이 스스로 정력이 약하다는 열등감에 사로잡혀 괴로워한다. 여자들이 꼭 정력이 센 걸 원하지는 아닐 테지만, 남자들이 아는 '훌륭한 섹스'는 오직 오래하는 것. 그들이 교본으로 삼는 동영상이 그렇게 가르치고 있으니 그럴 만도 하다. 그래서 남성들은 장어나 뱀, 곰의 쓸개, 심지어 개의 그것 등 의학적으로는 별 효과가 없는 정력제를 사는 데 돈을 쓰고, 기생충에 걸려 고환이 잘린다. 비아그라가 나왔지만, 일시적인 효과만 준다는 점에서 정력제에 대한 수요는 여전해 보인다.

비단 정력 말고도 다른 성적 문제로 고민하는 남성들도 한둘이 아니다. 예를 들어 관음증에 빠져 '보는 것'만 좋아한다든지, 이성의 옷을 입어야 흥분한다든지 하는, 좀 특이한 성적 취향을 가진 남성들 말이다. 타인에게 피해만 끼치지 않는다면 자신의 성적 취향을 만족시키는 게 나쁜 건 아니지만, 그럼에도 이들은 스스로 변태라는 고민에 시달린다.

아직도 성을 터놓고 말하기를 금기시하는 우리나라에서 남성들이 성 상담소를 찾는 것은 쉽지 않다. 성 전문 상담사인 문지영 선생이 〈문지영의 섹스테라피〉를 낸 것은 바로 이 때문이다. 성에 대해 고민만 하지 마시고 이 책을 읽으시라. 여러분과 비슷한 고민을 수많은 남성들이 한다는 것에, 그리고 그게 얼마든지 해결 가능한 문제라는 것에 큰 위안을 받을 것이다. 성 문제가 해결되어 삶에서 자신감을 찾는다면 당신의 삶도 한층 더 나아질 수 있지 않을까? 이것이 바로 〈문지영의 섹스테라피〉를 추천하는 이유다.

욕(慾)이 충족되지 않으면 욕(辱)이 나온다

유영만
지식생태학자, 한양대학교 교수

체험 없는 개념은 관념이고, 개념 없는 체험은 위험하다. 평소에 주장하는 메시지 중의 하나다. 체험이 없이 개념만 풍부하면 의미는 있을 수 있으나 재미가 없고, 개념이 없는데 체험만 풍부하면 재미있게 표현하고 싶어도 표현이 안 되어서 소중한 체험을 다른 사람과 공유하기 어려워질 수 있다. 내가 누군가에게 조언을 해주거나 자문을 해줄 때에도 마찬가지다. 해당 분야에 관한 체험적 지식이 풍부하면 상대가 공감할 수 있는 조언을 해줄 수 있다. 체험은 그만큼 새로운 지식의 원천으로 작용하지만 새로운 체험을 쌓지 않으면 체험은 색다른 발상을 가로막는 장본인으로 작용하기도 한다. 내가 누군가에게 힘이 되어주려면 내가 먼저 내 분야에서 다양한 체험적 노하우를 갖고 부단히 노력해야 한다.

이 책을 쓴 문지영 성상담 심리전문가도 마찬가지라고 생각한다. 국내 최초로 성심리 상담분야를 개척하여, 다양한 임상체험을 근간으로 성문제로 고민하는 많은 사람들에게 소설형식의 글을 빌어 누구나 공감할 수 있는 책을 쓸 수 있는 계기를 마련했다.

문 소장님을 알게 된 것은 '시나브로'라는 기관에서 책 쓰기 특강 시간에 '글쓰기는 애쓰기다'라는 주제로 강연을 할 때 수강생으로 왔을 때 만났다. 당시 문 소장님은 성문제로 고민하는 사람들의 심리적인 문제를 상담을 통해 해결하는 소설형식의 글을 쓰고 있다면서 추천사를 부탁했다.

다소 낯선 전문영역이라서 성심리를 상담해주는 전문분야와 전문가는 어떤 분야에서 무슨 일을 하는 사람일까 호기심이 생길 수도 있다. 말 그대로 성심리 상담전문가는 성문제로 고민하는 많은 사람들의 심리문제를 상담을 통해 해결대안을 제시해주는 전문가다. 오랜 유교문화의 영향으로 성문제를 노골적으로 이야기하지 않는 것이 우리의 문제다. 그러나 문 소장님은 다양한 임상체험을 근간으로 사실적 자료에 입각한 소설형식의 글을 통해 다양한 성문제를 일반인들도 쉽게 공감할 수 있는 책을 내게 되었다.

이 책 역시 누구나 고민할 수 있는 성(性)문제를 성(聖)스럽게 해결할 수 있는 다양한 대안을 처방해주고 있어서 평범한 사람들의 성심리 문제를 통해 일상적인 삶을 들여다볼 수 있는 좋은 계기가 되었다. 성문제가 제대로 해결되지 않으면 성질을 부리기도 하고 다른 곳으로 충족되지 않는 에너지를 발설하기도 한다. 그래서 욕(慾)이 충족되지 않으면 욕(辱)이 나온다. 성적 에너지가 충동으로 끝나지 않고 그것을 창작 에너지로 전환시켜 삶의 활력소가 될 때 사람은 행복해질 수 있다.

들어가며

우선 이 책을 읽는 독자들께서는, '성(性, sex)'에 대한 인식의 틀을 깨고 오픈마인드로 책을 읽어주셨으면 한다. 책 중간중간에는 마음을 거슬리게 하는 말들이 있을 수 있다. 특히 소설 부분에서 그렇다. 그러나 허구는 허구일 뿐, 성 관련 문제의 해결을 돕기 위해 가상의 사례로 작성된 소설이니 커다란 의미부여는 하지 않으셨으면 한다.

나의 첫 작품인 이 책은, 성(性)이라는 금기시되는 주제를 이야기하고 있고, 기존에 여타 관련 서적에서는 볼 수 없었던 독특한 구성방식을 택하였기에 읽는 분들로 하여금 불쾌감을 느끼게 될까 솔직히 많이 두렵다.

사람들이 물었다. 왜 하필 성 심리학자의 길을 선택했냐고.

상담심리를 전공하다가 의외로 많은 분들이 성기능장애, 성도착장애, 성 불편증으로 고통을 받고 있다는 것을 알았다. 그리고 그러한 분들에게 도움이 될 수는 없을까 고민한 끝에 '성'이라는 영역으로 방향성을 잡고 특화하였다. 세상에 도움을 필요로 하는 분들은 많지만, 도와줄 사람은 극히 드문 현실이 참으로 안타까웠다.

아래는 나에게 상담을 받은 내담자(방문하여 성심리치료를 받으신 분)들이 입을 모아 하는 얘기다.

“이런 이야기를 어디에서도 털어놓을 수가 없었어요. 그래서 선생님을 찾아온 겁니다. 이런 이야기를 밖에서 했다간 저의 사회적 위신은 곤두박질을 치고 말겁니다. 그리고 얘기한 후 그 사람들을 어떻게 또 보나요? 절 분명히 이상하게 생각할 텐데…….”

우리 모두 사회적 관계, 가족관계, 연인이나 부부관계, 친구관계 등 수많은 ‘관계’ 속에서 살아간다. 그러나 ‘성(性)관계’ 역시 무시할 수 없다. 어쩌면 성관계는 우리 인생에서 아주 큰 영역을 차지하고 있는 부분일 수 있다. 너무나 은밀한 이야기이기에, 아무에게도 털어놓지 못하고, 심지어 배우자에게도 알리지 못하는 고민을 안고 살아가는 분들이 알게 모르게 꽤 많다.

그러한 고민을 안고만 살아가면 언젠가는 반드시 크게 폭발할 것이다. 폭발해버리기 전에, 수면으로 드러나기 전에, 일이 불거지기 전에, 성 고민을 벗어버리고 싶은 분들에게 이 책을 바친다.

2016년 3월 30일
성 심리학자 문지영

제 1장
성(性)심리 상담소

Lesson 1
재미있는 인간의 성심리

1. "인간은 모두 성(性)적인 존재다?"

성별표기를 할 때, '남성(男性), 여성(女性)'이라고 우리나라에서는 보편적으로 나눈다. 미국에서는 'male(남자), female(여자)'로 표기한다. 중국에서는 성을 표기할 때 '男(남)', '女(여)'로 표기한다. 그렇다면 왜 하필이면 '성(性)'자를 썼을까.

그 근간에는 인간이 성적인 존재라는 뿌리 깊은 사조와 무의식이 깔려있다. 서양에서도 성별을 표기할 때 'sex'라고 표기한다. 'sex'는 우리가 나누는 육체적 성관계인 '섹스'와 동의어다.

캐나다에는 일반적인 양식(form)상 성을 표기하는 칸에 6가지 체크란이 존재한다. "남자(male), 여자(female), 남성동성애자(gay), 여성동성애자(lesbian), 양성애자(bisexual), 성전환자(transgender)." 이렇듯 나와 성적 취향이 다르다고 해서 그것을 무조건적으로 배척하지 않고 모든 성(性)을 인정해주고 배려해주는 그들의 성 인식이 부러웠다.

유명한 심리학자이며 철학가인 지그문트 프로이트는 인간의 심리를 상당부분 성적으로 풀어내었다. 예를 들면 6세 정도의 남아는 엄마를 사이에 두고 아빠와 경쟁을 한다. 그리고 아빠의 커다란 남근을 본 남아는 아빠한테 언젠가 거세당할 지도 모른다는 '거세불안'에 시달린다. 여아는 어렸을 때부터 아빠의 성기를 보고 나서 무의식 속에 '남근선망'을 갖게 된다.

이렇듯 그의 이론은 너무나 성적인 접근으로만 인간의 내면과 무의식과 꿈을 해석한다. 그가 이야기하듯, 이렇게 성을 근간으로 인간을 해석해야 하는 이유가 무엇일까?

2. 실험과 보고서 상에서 보여지는 성심리

킨제이 보고서는 미국의 킨제이 박사가 수천 명의 피실험자와 개인적 면담을 가져서 '신체적 속박, 동물과 관계하는 수간, 망사나 실크 스타킹 등 에 관한 성 인식' 총 521개를 묻는 질문을 하여 그 답변을 바탕으로 작성해 낸 보고서이다.

1940년대, 청교도 사상에 입각해 성에 대해 매우 보수적이었던 미국의 그 시대. 킨제이 보고서는 성에 대해 큰 반향을 일으켰다. 그리고 그 보고서에 집계된 조사결과는 가히 충격적이었다.

보고서 상, 동성애 경험이 있다고 한 사람은 무려 1/3이나 되었고, 자위를 한다고 밝힌 여성도 절반이나 넘었다. 그 시대 청교도 사상으로는 상상도 못할 충격적인 결과라 하지 않을 수 없었다.

1973년 스와스모어 대학의 심리학자 커네스 거겐은 재미있는 실험을 한다. 만약 절대적인 익명의 환경 하에 있으면 사람들은 어떻게 행동할 것인가? 그는 젊은 남성 다섯 명과 젊은 여성 다섯 명을 한 사람씩 한 방에 들어가게 한다. 누가 들어왔는지도 모르고, 그 방은 아주 깜깜하다. 상대의 얼굴을 볼 수 없고 오직 목소리와 촉감 등에 의지해 남자인지 여자인지만 간신히 알 수 있다.

실험 결과에서는 그들은 서로 이야기를 나누다가 결국은 섹스를 한다. 남자는 돌아가며 다른 여자와 섹스를 나눈다. 매번 다른 여자와 관계하니 실험남(男)은 연거푸 다섯 번 사정도 가능했다.

3. 문화, 미디어에서 보여지는 성심리

'삼비아족(族)'은 파푸아뉴기니 섬의 산악지대에 사는 정글부족인데 이들에게 정액은 '남성성'을 상징한다. 따라서 삼비아족 소년은 나이 많은 형들에게 펠라티오(구강성교)를 해 주면서 정액을 삼켜야 비로소 멋지고 강인한 남자가 된다고 믿고 있다. 그러나 그들이 양성애자나 동성애자로 변모하지는 않는다. 그건 단지 일종의 의식일 뿐, 성장해서는 멋진 남자가 되어 여자를 찾는다.

캘빈과 홉스라는 2003년 作 미국만화는 두 어린 친구의 우정을 다룬 만화이다. 그런데 웹상에서는 만화의 주인공들이 다르게 행동하는 동영상이 돌기도 한다. 내용인 즉, 캘빈과 홉스가 캘빈의 엄마와 열정적인 섹스를 나눈다는 포르노 만화가 떠도는 것이다. 이런 걸 팬픽션

(fan fiction, 팬들이 지어낸 허구소설 ; '팬픽'이라고도 함.)이라고 한다. 팬들이 만들어낸 일종의 '문화'인 것이다. 그리고 이 내용은 다소 파격적이라 논하기가 부담스럽다.

그러나 나도 심슨가족의 주인공 파인애플 머리 엄마와 길쭉이 얼굴 아빠가 섹스를 나누는 만화의 동영상을 본 적이 있다. 솔직히 정말 흥분되었다. 심슨가족의 야사가 궁금했던 것이 나의 성적 상상력을 자극해왔었는데 막상 눈앞에서 펼쳐지는 그들의 섹스는 너무나 큰 흥분을 안겨주었다.

50만 명의 개인별 검색 히스토리를 포함해 총 10억 개에 이르는 웹 검색 내용을 필터링하여 키워드(검색어) 연구를 한 미국의 한 성(性) 연구단이 있다. 그들의 연구결과는 가히 충격적이었다.

검색어 중 무려 13%나 성적인 내용의 문구가 포함되어 있었으며, 검색어로 볼 때 남자들은 어린 여자나 할머니에 관련된 야동('야한동영상'의 준말 ; 포르노 영상물)을 찾고 있었다. 중간 연령층에 대한 동영상 관심은 현저히 떨어지는 걸 보니 아예 어리거나, 아예 노련한 여자의 성적인 동영상을 찾고 있던 것으로 비춰진다.

13%의 성적인 검색어를 분석해보니 '가슴, 엉덩이, 발' 등 여성의 신체기관 중 이 세 기관을 가장 많이 검색하였다. 그리고 적나라하게 '보O(여성의 생식기를 속되게 이르는 말)'를 검색한 결과는 '자O(남성의 생식기를 속되게 이르는 말)'를 검색한 검색어와 비슷한 확률을 보였지만, 위의 세 신체기관을 따라잡지는 못했다.

4. 남자의 '성적 각인효과'란?

성과 관련된 시각적 관심화가 생기는 기간을 우리는 '성적 임계기'라고 부른다. '성적 각인과정(기억과 무의식 속에 각인되어 특정한 신체기관이나 현상, 상황에 흥분을 하게 되는 것 ; Fetish(페티쉬)가 생기는 일련의 과정)'은 이 임계기에 이루어진다.

양과 염소를 통한 실험을 예로 들어보자. 동물 수컷의 성적 각인과정은 되돌릴 수 없는 반면, 암컷의 각인은 심하지 않았다. 염소에게 숫양을 기르게 했더니 임계기에 숫양의 성적 판타지에는 암염소가 각인된다. 따라서 암양이 눈앞에 오더라도 관심조차 없었으며 오로지 각인된 암염소와만 관계를 하려고 했다.

그런데 암양에게도 똑같은 실험을 하자. 암양은 숫염소, 숫양 모두 싫어하는 내색 없이 관계를 하였다. 만일 남자들 두뇌가 발의 시각적 신호에 본능적으로 반응한다면 스타킹이나 하이힐 역시 신호화된 관심사라고 볼 수 있다.

어느 환자가 '고환류(고환주변에 물이 차는 질병)'라는 병 때문에 비뇨기과에 가서 치료를 받는데, 간호사가 들어와서 고환에다 따뜻한 젤을 바르고 초음파 기구로 고환주변을 더듬더듬하니 이 환자는 자기도 모르는 사이에 발기(남성의 음경이 성적흥분으로 인하여 팽창하는 현상)가 되었다. 그 후로는 진료실만 가면 자기도 모르는 사이에 발기가 되는 현상이 일어났고, 심지어 남자의사가 들어와도 치료실만 들어가면 발기하였다. 그 이후로 그는 성관계를 할 때마다 아내와, '의사와 환자 역할극'을 하며 즐겼다. 이렇게 진료실에 대한 성적 판타지('fetish(페티쉬)'라고 하기도 함)가 마침 찾아온 그의 '성적 임계기'에 각인되어 버린 것이다.

임계기의 각인 예시를 하나 더 들어보자면, 가슴이 아주 작은 초특급 A컵 여자가 자신의 첫사랑이었던 남자가 한 명 있다. 아이러니하게도 대부분의 남자는 유두와 가슴이 큰 것을 선호한다고 연구결과에 밝혀졌는데도, 그는 그녀의 아주 작고 예민한 젖꼭지에 몰입되어 다음에 다른 여자를 만나더라도 A컵이 아니면 쳐다보지 않게 된다. 가슴 큰 여자도 만나봤지만 첫사랑 그녀보다 성적으로 예민하지 않았기 때문이다. 이게 바로 남자의 '성적 각인효과'이다.

5. 여자는 어떤 성적 판타지가 있을까?

예로부터 로맨스 소설(흔히 '야설(야한소설)'이라고도 함)은 여자들의 포르노(porno, 음란물)라고 했다.

로맨스에서 섹스는 도처에 등장하지만, 그렇다고 로맨스 소설을 즐기는 데 섹스가 절대적으로 필요한 것은 아니다. 여자는 사랑하는 남자와 키스하는 장면부터 귓볼부터 애무를 하고 바디라인을 따라 타고 내려가는 숨 막힐 듯 짜릿한 애무를 상상하며 젖는다.

여자는 글만으로도 충분히 성적으로 흥분될 수 있다. 남자는 시각화되는 여자의 사진이라도 있어야 흥분이 되는 점과 성적 판타지가 여자와 일정부분 차별화된다고 할 수 있다.

아래 인용글은 거칠게 여자를 대하는 부분에 대한 성적 판타지를 그린 소설과 칼럼이다. 이 세 가지 글을 읽으면서 흥분이 안 되는 여자분은 드물 거라고 생각된다. 그럼 사례를 직접 감상해 보자.

「그는 내 몸을 끌어당겨 자기 물건을 내 거기로 밀어넣었다.

나는 툴툴거렸다. 그는 언제나 내 안에 들어올 때마다 이런 식이다. 내 거기는 아직 젖기까지밖에 안 했는데. 그는 내 몸을 찰싹 때렸다.

"열어, 하고 싶다고."

"알았어, 제러미."

그는 자기 물건을 조금 집어넣더니 내가 긴장을 풀도록 좀 기다리다가 나머지 부분까지 안으로 쑥 밀어 넣었다. 신음이 나왔다. 어쩔 수가 없었다.

"제러미."

나는 그의 리듬에 맞춰 숨을 헐떡이며 말했다.

"그만하는 게 어때?"

"조용히 해. 그냥 하게 내버려 두라고…… 어때, 이제 좋으냐. 이 잡년아."」

〈컴포트 오브젝트〉, 애너벨 조셉

「강간에 대한 환상!

페미니스트를 자처하면서도 계속해서 강간에 대한 환상이 떠오른다는 것이 나로서는 수치스러웠다. 이제까지 나는 내가 원하는 바로 그 방식에 따라 마음껏 섹스를 해본 적이 단 한 번도 없다. 아가씨 때는 내 기질을 다루기가 난감해서 침실에서 내가 주도권을 쥐었다.

그래야 올바른 길을 걷고 있다고 생각할 수 있었다. 하지만 늘 주도권을 쥔다는 것은 정말 피곤한 일일 뿐 아니라, 사람들은 보통 현실과는 정반대를 꿈꾼다고 누가 감히 말하지 않을 수 있겠는가? 전형적으로 달콤하기만 한 내 성관계가 나도 모르게 때로는 폭력으로 얼룩졌으면 하고 바라는 것도 바로 이 때문이 아닌가 한다.」

〈제발 강간 한 번만 해주세요〉, 트레이시 이건 머리세이

「선장은 흠잡을 데 없이 완벽한 그녀의 엉덩이를 손으로 더듬었다. 순간 그녀의 온 몸이 전율하는 것이 느껴졌다. 그는 양손으로 부드럽게 그녀의 유방을 하나 씩 잡은 후, 일제히 군침을 흘리고 있는 동료 해적들이 볼 수 있도록 그녀의 몸을 열었다.

그가 유방을 더 세게 당기자 털 하나 없는 처녀의 성기 입술이 열리더니 젖어서 번쩍거리는 안쪽 주름이 드러난다. 그녀의 흥분한 그 곳에서 액체가 잔뜩 흘러나와 축축이 젖어 있었다.

"자, 이것들 보라고. 우리 작은 미녀께서는 저항할지 모르지만, 이 년 보O는 진실을 말한다니까!"

스무 명도 넘는 무자비한 남자들이 굶주리는 듯 한 눈으로 자신을 쳐다보는 것을 보자 그녀는 수치심과 절망감에 신음을 내뱉었다. 그녀의 가장 은밀하고 비밀스러운 곳이 그들 눈에 다 보이도록 열려 있었고, 그녀가 축축이 젖고 있는 것을 그들은 지켜보고 있었다. 안쪽 점막은 번들거리고 있었고. 분홍색 모자를 쓰고 숨어있는 사랑스러운 음핵의 미세한 돌기까지 그들은 볼 수 있었다. 그녀의 질로 들어가는 입구는 활짝 열려 있었다. 그녀의 처녀막은 부서지기 쉬운 꽃잎과도 같아서 그 구멍을 거의 보호해주지 못했다.」

〈공주와 해적〉, 해밀턴 지

6. 남과 여의 성 심리 차이를 알아보자.

연구에 의하면 여자들은 성욕이 높아지면 남자와 여자 모두에 대해 성적으로 끌리는 반면, 남자들은 성욕이 높아질 때 자신의 *선천적* 경향에 따라 남자나 여자 한쪽에게만 성적으로 더 끌린다고 한다. 여자의 뇌에서는 '섹스'와 '사랑'은 하나이다. 남자들은 '섹스'와 '로맨스'를 정신적으로 구별한다.

이성애 남자를 겨냥한 포르노 영화에서는 카메라의 초점이 항상 여자에게 맞춰진다. 여자의 흥분한 표정, 감정, 몸의 세세한 변화를 관찰하니 여자 입장에서 이런 포르노는 여자가 여자를 보며 흥분하라고 강요하는 것과 다름없다. 그래서 보통 여자들은 포르노나 야동을 별로 좋아하지 않는다. 모두 남자들의 시각을 위주로 만들어졌기 때문이다.

차라리 로맨스 소설에 나온 섹스 장면 문구들이 더욱더 여자를 흥분시킨다.

게이포르노(동성음란물)인 '스트레이트 가이스 포 게이 아이스'에서는 카메라가 남자를 더 쫓아다닌다. 이런 영화에서 여자는 꿀 먹은 벙어리가 되고 남자들이 신음소리를 내거나 여자에게 너무 좋다는 식의 이야기를 한다. 남자가 느끼는 기쁨을 무엇보다 강조하는 것이다.

이성애 남자들이 커다란 페니스에 뿌리 깊은 선망이 있다면 게이들은 커다란 페니스에 무조건적으로 집착한다. 이성애 남자와 게이의 성기크기는 '게이가 평균 1cm 정도 더 크다'는 연구결과도 있다.

게이의 섹스는 정상위로 말하면 위쪽(top)과 아래쪽(bottom) 역할로 나눠지는데 대부분 아래쪽(bottom)을 맡고 싶어 한다. 그리고 아래쪽을 맡은 사람이 섹스에 있어서 더 주도권을 가지고 있고 강하다. 성기도 큰 사람이 많다.

남자들이 트랜스젠더 포르노를 보면서 묘한 느낌을 받는 것은 사람들이 착시를 경험하면서 묘한 느낌을 받는 것과 비슷하다. 부드러운 인상과 예쁜 외모, 거기다 아래에 보너스까지 더 있는 트랜스젠더. 여성스러움에 남성 성기의 페티시즘까지 모두 갖고 있는 것이다.

미국의 작가 에드워드 애비는 이런 글을 남겼다.

「현대를 살아가는 남자와 여자는 성에 사로잡혀 있다. 이제 성 말고는 인간이 해볼 수 있는 태고로부터의 모험은 하나도 남아있지 않다. 동물원에 갇힌 원숭이에게 놀이터가 정해져 있듯, 우리는 유일하게 남은 놀이터에 우리의 에너지를 쏟고 있다.

그 외의 나머지 삶은 산업사회가 만든 담, 쇠창살, 쇠사슬에 의해 굳게 닫힌 대문에 단단히 갇혀 있다.」

Lesson 2
콕콕 찝어주는 나의 성심리

1. 'MBTI 적성검사'를 활용한 성 심리분석

MBTI(Myers Briggs Type Indicator)는 남편과 지긋지긋하게도 맞지 않았던 심리학자 '캐서린 브릭스'와 역시 심리학자였던 그녀의 딸 '이사벨 마이어스'와 함께 남편과의 갈등을 해소하는데 매우 큰 도움을 준 심리철학자 '융'의 이론을 접목시켜 인간을 16가지 유형의 타입으로 구분하는 심리유형검사이다.

현재 MBTI검사는 각종 심리상담소나 병원, 그리고 기업 등에서 폭넓게 활용되고 있다. 성심리에도 이러한 MBTI 적성검사를 적용해 보도록 하자.

우선 8가지의 기질을 아래처럼 정리해보았다.

1) '에너지를 어디서 얻는지'와 '생성된 에너지는 어디다 쓰는지'에 따라 (밖으로 드러나는 태도)

내향형(I)	외향형(E)
자기 자신에서 얻고 내면에 쓴다	외부의 사람이나 사물에서 얻고 쓴다

2) '정보를 어떻게 얻는지'에 따라 (내면에서 작용하는 기능)

감각형(S)	직관형(N)
시각, 청각, 촉각, 미각, 공감각의 오감을 활용해 얻는다. 마치 사진을 찍듯 섬세하다.	그것이 부여하는 의미나 직관에 의지한다. 두루뭉술해 보일 수 있다.

3) '무언가를 선택해야 하는 기로에 놓였을 때'에 따라 (내면에서 작용하는 기능)

사고형(T)	감정형(F)
객관적인 분석결과가 중요하게 작용한다.	주관적인 가치관에 따라 결정한다.

4) '삶을 살아가는 방식이 어떤지'에 따라 (밖으로 드러나는 태도)

판단형(J)	인식형(P)
어느 정도까지만 정보를 받아들이고 스스로 판단한다.	정보를 계속 받아들이기만 하고 판단을 유보하는 경향이 있다.

이렇게 분류된다. 이런 1번부터 4번 사이에 어느 성향에 가까우냐에 따라 복합적으로 16가지(4x4=16) 인간의 유형이 만들어진다.

ISTP (백과사전형) : 백과사전 지식처럼 잡다한 지식이 많다.

내향형인데 섬세하고 꼼꼼한 면이 있고 객관적인 분석결과에 따라 선택하지만 판단을 어려워하는, 흔히 결정장애에 속하는 사람도 있겠다.

이들의 섹스는 본인의 잡학다식한 지식들을 섹스에 적용하여 '음, 책에서는 여자들이 이 체위를 좋아한다던데', '어? 왜 그이가 이렇게 했는데 안 좋아하지?' 하는 둥 지식을 섹스에 적용하려고 하는 경향이 있다. 그러나 사람의 몸은 모두 다르고 대부분 좋아하는 체위라도 어떤 사람은 싫어하거나 기피할 수 있다. 각각의 개성을 존중하여 성관계시에 판단 실수하는 일이 없도록 하는 것이 좋다.

ISTJ (세상의 소금형) : ISTJ는 정리되고 조직적이며, 규칙적인 문화를 좋아한다. 성향대로라면 섹스할 때 본인자신을 모두 내던지지 못하고 세상에 대한 고민을 할 수도 있겠다. 머리로 섹스하는 대표적인 스타일이다.

ISFJ (임금 뒤편의 권력형) : 임금이 객관적 데이터에 의해 선택을 한다면 ISFJ유형은 주관적 가치관에 따라 선택을 하게끔 임금을 종용할 수 있는 유형이다. 맞춰주는 것 같지만 사람을 본인 의지대로 오게끔 하는 것이 매력이라면 매력일까.

섹스 스타일은 본인의 주관적 기준에 따라 '우리 이것도 해보면 어떨까'라며 조용히 의견을 제시할 수 있다. 다소 무리한 부탁이더라도 임금은 들어주게 되어있다. 세상을 움직이는 건 남자, 그 남자를 움직이게 하는 건 여자라는 말이 있듯이 뒤에서 움직이게끔 하는 유형이다.

INFJ (예언자형) : 직감이 뛰어나다. 그래서 예언자형이다. 뭔가 나쁜 일이 일어날 것 같다고 하면 대번 직감하는 유형인데, 섹스할 때도 '이걸하면 우리 관계에 도움이 될 것 같다'고 생각하면 적극적으로 할 스타일이다.

INTJ (과학자형) : 과학자형은 실험정신에 입각해서 섹스할 때 당신을 마루타처럼 조종할지도 모른다. 예를 들면 여자는 애널섹스를 생각도 안 해봤는데 과학자형이 실험을 해보겠다고 다소 무리하게 애널섹스를 요구할 수 있겠다.

ISFP (성인군자형) : 내향형으로 흐르는 에너지는 스트레스 상황에서는 꼼짝없이 틀어박혀 있을 수 있고 주관적 가치관에 따라 선택을 하며 판단을 유보하는 경향이 있다. 인생은 그저 흐르는 물같이 덧없는 것을……. 이들은 이래서 성인군자형이라고 불리나 보다.

INFP (잔다르크형) : 성녀이자 여전사인 '잔 다르크'처럼 세상을 위해 자신을 집어던질 줄 아는 용감한 사람. 이들의 섹스 스타일은 내향형으로 흐르는 에너지와 주관적인 가치관 적용, 두루뭉술한 인식형이기에 섹스 스타일을 이해 못하는 배우자나 상대에 의해 스스로 한 가지에 치우쳐 좋아하는 '오타쿠' 스타일이 맞을 수 있겠다.

INTP (아이디어뱅크형) : 번뜩이는 아이디어가 많지만 사고형으로서 객관적인 분석결과로 선택하는 경향을 가진 이들이다. 섹스할 때는 여러 가지 체위를 활용해 보거나, 다양한 방식을 시도하며 다이나믹하게 즐기는 것을 선호하는 스타일이다.

ESTP (수완 좋은 활동가형) : 활발한 활동을 하고 수완이 좋아 이루는 것도 많은 스타일이다. 따라서 섹스 스킬도 가장 좋을 수 있다.

ESFP (사교적인 유형) : 남들과 교류하는 것을 좋아하는 사교형이다. 사교적이기에 파티나, 모임에서 만난 사람과 하룻밤의 원나잇 스탠드(one night stand, 처음 만난 이성과 하룻밤을 보내는 것)를 꿈꿀 수도 있겠다.

ENFP (스파크형) : 감정의 기복이 심하고 한 군데에 오래 있는 것을 못 견뎌한다. 잠이 오면 죽을 것 같다. 기분이 좋을 땐 최고의 능력자이다. 너무 몸이 피곤하면 섹스에 집중할 수 없을지도 모른다.

ENTP (발명가형) : 발명가형은 늘 무언가를 만들어보고 싶어한다. 한마디로 가만히 있지 못한다. 어쩌면 당신만을 위한 섹스토이를 만들어서 선물할 수도 있다. 예를 들면 다람쥐의 쳇바퀴 동력을 이용한 진동기라든지 말이다.

ESTJ (사업가형) : 가장 전통적이고 가족을 소중히 하는 스타일이다. 말이 사업가형이지 사업보다는 꾸준히 인내를 갖고 하는 반복되는 일에 능하다. 반복되는 섹스를 별로 지겨워하지 않을 수 있다. 잘 싫증내는 ENFP 형이라면 벌써 도망갔을 수도 있는 일을 끈기있게 해내는 타입이라 섹스도 정상위로, 콘돔을 착용한 채 한 사람과 주구장창해도 질려하지 않을 지도 모른다.

ESFJ (친선도모형) : 친선도모형은 사람들과의 사이에서 브릿지 역할을 하며 싸운 사람들을 화해시키려 하는 다리역할을 잘 한다. 이 유형은 아낌없이 베푸는 타입이라고도 불리우며 친선을 위하여 자신의 섹스스타일을 버릴지도 모른다. 그리고 상대에게 모두 맞춰줄 수도 있다.

ENFJ (언변능숙형) : 언변능숙형은 특유의 재치와 재미를 섞어가며 이야기를 구성지게 잘하는 면이 있다. 따라서 섹톡을 시도하는 것이 좋을 것이다. 이 유형의 파트너라면 '내 귀의 캔디'를 요구해도 무리가 없을 것이다. 역할극을 하며 섹톡을 유도하는 것도 좋다.

왜? 사랑하는 사이에서는 모든 게 용서된다.

ENTJ (지도자형) : 지도자형은 성격이 불같기도 하다. 본인의 아집이 쎈 편이라 그 고집을 꺾으려면 힘들다. 그리고 아는 체를 한다고 오해를 받아 주변인들에게 눈총을 받을 수도 있겠다. 이런 유형은 섹스를 할 때 본인이 고집하는 체위를 하는 경우가 많다. 배려심이 많은 ESFJ와 만나면 찰떡궁합일 것이다.

여기에 서술된 성심리 MBTI 분류결과는 황당할 수도 있고, 흥미로울 수도 있다. 단순히 재미로 참고하시길 바라며 너무 특정 선입견에 얽매이지 않기를 바란다.

2. DISC를 활용한 성심리분석

1) DISC란 무엇인가

'DISC'하면 무엇이 떠오르는가? 일반적으로, 허리디스크가 가장 먼저 떠오를 것이다. 하지만 DISC는 심리학에서 널리 쓰이는 성격유형 검사로, 검사방법도 비교적 간단하고 문항수도 얼마 안 되어 이용하기 편리하다.

여러분은 회사에 취업할 때 적성검사 중의 하나로 DISC 검사를 해본 경험이 있을 것이다. 주기능이 한 가지일 수도 있고, 부기능으로 다른 형태를 같이 갖고 있는 내담자들도 있다. 예를 들면 'D'가 주기능이고 'I'가 부기능인 사람은 'DI'형이라 부르며 지도지적 성향이 강한 반면 사교적인 부분도 존재하기에, 굉장히 적극적이고 성격이 급하면서도 사교성이 짙은 아주 활발한 성격의 사람으로 비춰질 것이다. 또한 행동이 빠르고 언변도 좋아 인기도 무척 많을 것이다. 이런 형태의 사람은 예능감 충만하면서도 지도자적 성향이 보이는 연예인으로 강호동씨를 예로 들 수 있지 않을까 추정해본다.

2) 성심리에 적용하는 DISC

D (지도자형) - 주도적 성격, 단도직입적, 과감성, 진취적

D형은 주도적이고 성격이 매우 급하다. 그냥 직언을 하는 사람들, 그리고 계획보다는 행동을 중시하는 사람, 성과주의 등을 D형이라고 한다. 대부분 조직의 리더들은 거의 모두 D형이라는 사실은 DISC검사결과의 신뢰성을 더욱 높여준다.

그렇다면 이런 사람들의 섹스스타일은 어떨까? 남자 D형의 경우 성과주의기 때문에 섹스를 하면 무조건 여자를 만족시켜야 한다. 그리고 섣불리 판단을 범해 조금만 문제가 발견되어도 차분하게 자연적으로 치유되는 것을 기다리지 않고 바로 병원이나 상담소를 찾는다. 또한 상담소를 찾으시는 D형의 분들은 10회의 과정을 모두 견뎌내기 힘들어한다. 매우 급하기 때문이다. 빨리 결론을 보고 치료효과에 대해서도 빨리 결과가 나오지 않으면 속단하고 다음에 오지 않는 경우가 있다. 그러나 '아, 심리상담소에서 안 되겠다. 병원을 가자.' 라고 하여도 다녀오면 거기서도 빠른 해결이 되지 않으니 다시 상담소를 찾으신다.

이러한 분들이 주로 겪는 성기능 장애로는 조루, 발기부전이 있다. 남자들은 가끔 피곤하거나 신체컨디션이 별로일 경우, 사정이 일찍 나올 수가 있다. D형의 남성은 판단이 빠르기 때문에 조루라고 속단하고 상담소나 병원을 찾는다. 치료방식도 단기간에 효과를 볼 수 있는 약물치료를 원한다. 그러나 근본적인 치료가 아니기 때문에 꾸준한 상담으로 인내심을 갖고 이들을 설득하여 치료에 임하게 하는 게 나의 숙제이다. D형 남성들의 발기부전 같은 경우, 역시 어쩌다 컨디션 때문에 발기가 잘 안될 때 속단을 하여 내원하는 경우가 많다.

작은 성적자극에도 반응해왔던 청년시절의 발기력에 익숙해져 있는 남성은 50세 이후가 되면 자연스레 떨어지는 발기력을 인정하지 못한다. 따라서 청년시절 보다 충분한 자극이 있어야 발기가 된다는 성반응의 자연감퇴에 대한 사실을 간과하게 되어 중년 남성의 2차적 발기 불능의 원인이 되기도 한다. 남자 D형은 결과가 빨리 나오는 걸 좋아하기에, 정력건강식품 치료가 효과적이다.

D형 여성의 경우도 속단하고, 급한 성향 때문에 천천히 올라가는 오르가즘의 언덕을 인내하거나 기다리지 않고 본인이 오르가즘을 못 느끼는 '절정감 장애'라고 판단하고 상담소를 찾는다. 이런 분들에게 성인용품을 통한 자위치료를 하면 100% 오르가즘을 느끼게 되고 밝은 얼굴로 상담소를 나간다.

I (사교형) - 상호교류에 능숙, 충분한 영감, 설득적. 직관적

사교형인 I성향의 내담자들의 섹스스타일은 역시 상호교류에 능한 사교형의 성향 그대로 서로 대화를 많이 하며 니즈를 파악하여 섹스에 임하기 때문에 오히려 문제가 덜하다.

사교형은 성기능 장애가 가장 없는 유형이다. 궁합이라는 건 단지 남녀 성기의 크기만 가지고 판단하는 것이 아니다. 서로의 섹스스타일, 취향, 섹스하고 싶어 하는 빈도, 주기, 등을 가지고 종합적으로 판단하는 것이 바로 속궁합인데, 그 중에 대화적인 요소도 매우 중요하다. '지피지기(知彼知己)'이면 '백전백승(百戰百勝)'이라 하였다. 서로 어디가 좋은지, 어딜 만져주면 흥분하는지 등을 끊임없는 대화를 통해 갈고 닦고 맞춰가는 것이 진정한 속궁합의 중요한 요소이므로, I형에서 가장 성기능 장애가 드물게 발현되는 것으로 추론할 수 있겠다. 결과를 보면 섹스는 정말 육체적인 요소뿐 아니라 정신적, 뇌 적인 요소가 모두 골고루 배합되어지는 종합 선물세트 같은 존재이다.

S (안정형) - 든든한 지원, 진지함, 안정적, 공감적

안정형인 S형은 전체유형중 가장 많은 분포도를 보인다. 일반 조직에서 S형이 50~60% 정도 있는 것이 바람직하다고 한다.

S형은 안정적인 성향이라고 하였다. 따라서 주로 뇌로 하는 섹스, 안정감 있는 섹스, 환경이 중요한 섹스를 한다. S형은 섹스환경이 안정적이지 못하면 오르가즘도 느끼지 못한다. 섹스하는 것이 불편할 뿐이고 불안할 뿐이다.

예를 들면 나의 내담자 중에 고3 학생을 둔 부부가 있었다. 고3이 있으면 어떤가. 집에서 발자국 소리도 제대로 내기 어려운 그런 환경이다. 그저 자식 공부에 방해가 되지 않을까 노심초사하던 부모 중 어머니가 S형이었고 아버지가 I형이었다. 남편은 그저 급한 마음에 아내와 섹스를 하고 싶어 했으나, 아내는 늘 응하지 않았다. 늦게까지 공부하는 아들이 혹시라도 입을 틀어막고 하는 섹스소리, 찰싹찰싹하는 마찰 소리가 예민하게 들릴 게 무서웠기 때문이다. 결국 남편은 욕구 불만에 싸였고 불같이 화만 냈다. 성난 남편은 아내를 이끌고 상담을 받으러 왔다. 남편은 자기 아내가 불감증인 것 같다고 커플상담을 의뢰한 것이다. 그러나 아내입장에서는 또 다르게 남편이 섹스중독 같다는 거였다. 이후 두 분의 DISC검사를 하고 남편은 I형이라 성욕이 생기면 즉각 풀어야 한다는 것을 알았고, 아내는 S형이라 안정된 섹스환경이 중요하다는 것을 알게 되고나서는 서로를 이해하기 시작했다. 나는 그 두 분에게 여행을 가서 러브호텔 다녀오기의 미션을 주었고, 내 예상은 정확히 적중하여 그 두 분은 그 날 아주 황홀한 밤을 보냈다고 한다. 아내는 소리를 내어도 되는 러브호텔 환경에서 마구 행복한 비명을 질러댔고, 남편은 아내의 그렇게 좋아하는 모습에 덩달아 흥분이 되어 평소의 급한 성향을 누르고, 내가 일러준 대로 여러 번 사정을 참으며 교합을 하여 결국은 궁극의 오르가즘을 두 분이 함께 느끼고 돌아온 것이다. 그러고 나서 그 두 분은 집에서는 관계를 하지 않기로 하고 정기적으로 여행을 가거나, 내가 추천해 준 새로운 시도를 하며 부부관계에 활력을 불어넣어갔다.

C (신중형) - 성실함, 신중함, 간결함, 정확함

신중형인 C형은 늘 심각하다. 잘 웃지 않는 무표정의 내성적인 사람이 주로 신중형이라고 보면 되겠다. 대신 꼼꼼함, 주도면밀함, 정확함 등의 면모가 있어 조직에서는 주로 돈 관리를 맡는 회계 관련 직무가 어울린다.

이런 사람은 섹스 스타일도 마찬가지로 성실하고 신중하다. 만약에 상대방과의 섹스트러블이 발생하면 스스로 병원이나 상담소를 찾는 경우는 드물다. 아주 많이 신중하게 생각한 후에 상담받은 본인의 비밀이 보장되는 것을 확인한 연후에야 상담을 받는다. 따라서 만약 섹스트러블이 발생하면 신중하게 스스로 고민하고 또 고민하고 해결책을 찾는다.

'지난번에는 삽입 후 15분 정도에 사정했었는데, 이번에 5분밖에 안 간 이유는 무얼까? 나의 어딘가에 원인이 있을 것이다. 잘 찾아보고 연구하고 단련하여 다시는 이런 불상사가 생기지 않도록 하자.' 그러고는 스스로 연구하며 단련을 한다. 항문조이기 운동도 하고 성기로 역기 들기 등의 동영상도 찾아서 본다. 스스로 완벽함에 이르렀다고 생각하기 전까지는 여자와 관계하지 않는다.

반면 C형 여자도 이번에 섹스할 때 본인이 많이 헐거웠다고 생각이 들면 '명기만들기' CD시청이나 케겔운동, 스쿼트 단련, 소변볼 때 힘 줬다 풀기 등을 하고나서 어느 정도 조여진다고 생각하면 그제서야 자신감을 갖고 남자를 받아들이는 경향이 있다.

지금까지 네 가지 DISC유형으로 성심리와 섹스스타일을 알아보았다. DISC 검사지는 많은 인터넷 사이트에서 무료로 제공한다. 스스로 문항에 체크해보며 나는 어떤 유형인지 분석하고 알아가 보는 것도 좋을 것이다.

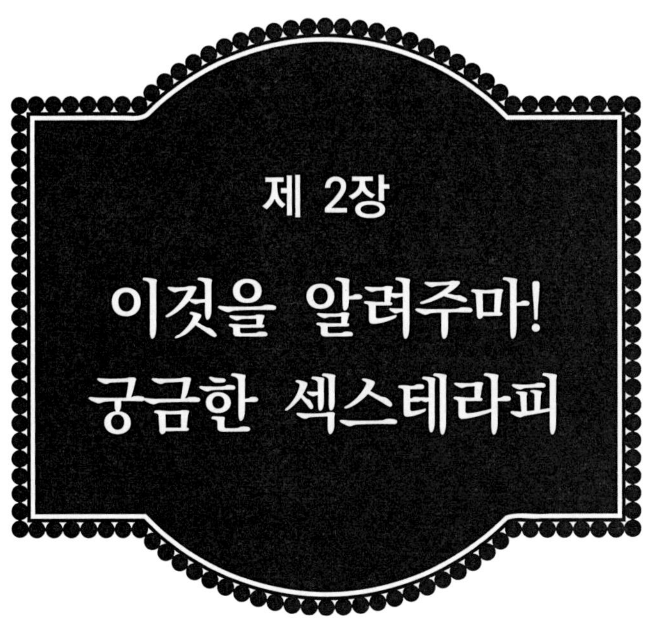
제 2장

이것을 알려주마!
궁금한 섹스테라피

Lesson 1
인간은 기구를 사용하며 발전해 왔다?!
- 성기구 테라피

고대 구석기 시대부터 인간은 도구를 사용하며 발전해 왔다. 그러므로 필자도 성기구(성인기구) 사용을 권장한다.

커플이나 개인이 성상담을 왔을 때 심리적인 원인이 100%인 증상들은 성 상담만으로도 충분히 좋아진다. 그러나 심리적 원인이 50%, 신체적 원인이 50% 정도의 비율을 보이면, 나는 성기구 사용을 적극 추천해 준다. 결론적으로 말하자면, 기구를 사용하지 않는 것보단 하는 게 낫다. 너무 기구에 적응이 되면 손 자극으로는 못 느낀다는 우려들을 하는데, 임상실험해본 결과 전혀 그렇지 않다. 사람과 섹스하는 것과 도구는 또 다른 느낌이기에 기구에만 중독되지 않는다.

기구에만 중독된 사람이 있다면 애인이 있다면 그건 일시적인 현상일 것이고, 만약 애인이 없다면 애인이 없기 때문에 기구에 집중하는 것이다. 애인을 만나게 되면 다시 사람에게 돌아온다.

기구를 쓰면 오히려 좋은 점은 잠들어있던 성감세포들을 하나 둘

씩 잠에서 깨울 수 있다는 것이다. 따라서 전보다 더욱 감각적이 될 수 있다. 그냥 섹스토이(성인용 장난감), 오로지 어른들의 장난감일 뿐이다. 아이들이 장난감을 좋아한다는 이유로 중독되었다고 병원에 데려가진 않는 것과 마찬가지이다.

이제는 성인기구에 대한 고정관념을 탈피하자. 중요한 사실은 인간은 도구를 사용하며 발전해 왔다는 것이다. 성인기구도 미시적으로는 개인적 성기능 활성화와, 거시적으로는 성문화 발전에 지대한 공헌을 할 수 있는 것이다.

1. 최근의 성인용품 시장 동태

그 동안 국산의 성인용품은 일본제품에 비해 크게 각광받지 못했던 것이 사실이다. 그러나 현재의 성인용품 시장은 예전과 다르다. 소비자들은 더 이상 일본제품을 예전보다 많이 찾지는 않는다. 일본이 성(性)진국이라 제품들의 성능이 좋은 것 같긴 하지만, 금액이 착하지 않기 때문이다.

반면 유럽, 특히 스웨덴의 L사의 제품이 서구 여성들에게 인기를 끌었으나 디자인이 예쁘고 고급스러운 점 빼고는 금액이 비싸 한국에서는 그다지 인기가 없다.

중국 광저우에는 성인용품 도매시장이 있다. 업체들이 워낙 많고 경쟁이 치열하기 때문에 가격은 낮다. 그러나 디자인은 유럽의 그것을 차용해 왔기에 디자인 역시 괜찮다. 성능도 좋다. 종류도 무척 많다. 우리나라의 11월11일 빼빼로데이가 있다면 중국에는 11월11일 光棍狂欢节(광꾼광환지에)라는 '솔로데이'가 있다. 중국의 유통업체 알리바

바의 판매동향에 의하면, 이 날 리얼돌(실제 성인여자 크기의 인형, 실리콘이라 피부촉감도 비슷하다)이 어마어마한 숫자로 판매되었다고 한다. 이런 현상을 보면 최근의 중국 성인용품 시장은 훌륭한 공급처이자 훌륭한 판매처이다.

2. 무엇에 쓰는 물건인고? 고대의 성기구

나의 두 번째 저서인 〈문지영의 성(性)지 순례기〉 취재를 위해 떠난 제주도.

제주도의 양대 산맥 박물관인 러브랜드(Loveland)와 건강과 성 박물관을 방문했다가 재미있는 기구를 발견했다. 옛날에도 성인기구를 목각으로 만들어 사용했다는 사실은 알고 있었지만, 실제로 보니 신기하기 그지없었다. 빨래방망이로 쓰다가 욕정이 치솟으면 갑자기 쑤욱? 상상하니 더욱 재미있다.

고대의 성기구 - 사진출처 제주 러브랜드

3. 상황별 추천 기구

1) 남자를 위한 기구

① 조루에 추천하는 기구

- 스프레이(일명 '칙칙이')

스프레이(일명 칙칙이)

너무나 많이 알려진 일명 '칙칙이'이다. 보다 긴 성관계를 가능케 하며 스프레이형으로 되어있으며 관계 전 성기에 뿌리면 된다.

- 마취콘돔

일본에는 초박형 콘돔이라고 아주 얇은 두께, 얇아도 어찌 저리 얇을 수 있나 싶을 정도의 콘돔을 앞다투어 생산하고 있다.

그러나 한국에는 자랑스러운 마취콘돔이 있다. 물론 일본산도 있지만, 마취콘돔만큼은 한국의 U사에서 개발한 제품이 각광을 받고 있다. 콘돔 안에는 매우 안전한 소재의 국소마취성분이 발라져 있으며 끼우고 관계하면 평소보다 길게 사랑을 나눌 수 있다.

② 발기부전에 추천하는 기구

- 성기강화 링

성기강화 링

옥으로 된 소재, 금으로 된 소재, 실리콘으로 된 것 등 여러 가지 소재가 있다. 실리콘 소재가 아닌 탄력적이지 않은 제품은 발기된 성기의 둘레를 줄자로 재고 맞는 사이즈를 구입하는 것이 좋다. 발기지속력과 발기력을 도와준다.

발기는 음경해면체에 적당량의 피가 고이면서 이루어지는 것인데, 피가 너무 안 들어가거나(노인성, 혈압문제), 반대로 피가 너무 많이 들어가서 성행위 중 발기가 풀려버리거나 아예 처음부터 발기가 어려운 경우가 있다. 이럴 때 링을 착용하게 되면 피가 적당량만 고이도록 도와주어 발기력을 유지시켜주는 것이다.

– 성기강화 훈련기구

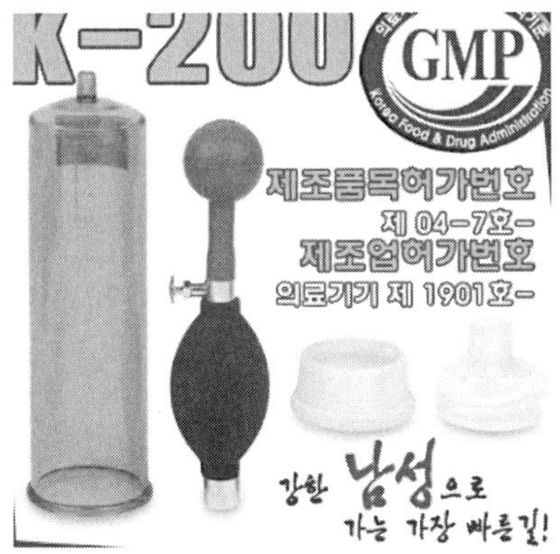

성기압축 펌프

압축식으로 된 기구 안에 성기를 넣고 단련하는 기구이다. 가격이
좀 고가이지만 꾸준히 연습하면 수술 없이도 효과를 볼 수 있다.

– 벨트딜도

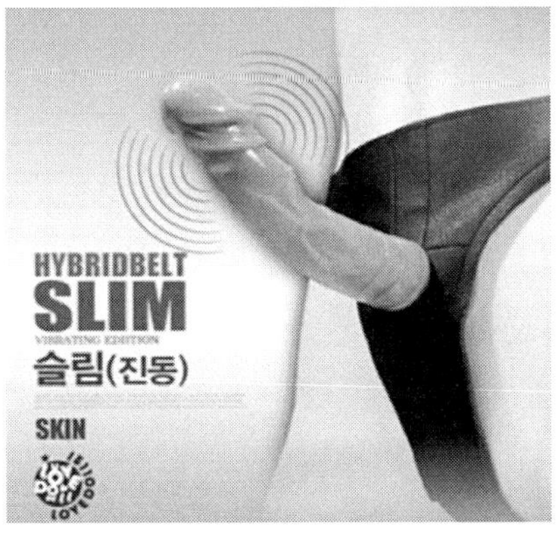

벨트딜도

탄력적인 팬티형 벨트가 달린 딜도(인공 남자성기)이다. 딜도 안에

는 구멍이 뚫려 있다. 발기가 안 되었을 때 간편하게 입고 성기를 딜
도에 끼우면 된다. 딜도를 두꺼운 콘돔이라고 인식해도 될 것이다.

발기부전인 사람은 섹스시 심리적인 중압감이 크다. 섹스하려고 한
창 여자를 흥분시켰는데 본인의 물건이 반응이 전혀 없을까 걱정되거
나, 섹스하는 도중 또 발기가 풀려버리진 않을까 걱정이기도 하다. 그
래서 그러한 심리적 압박이 더욱더 발기를 어렵게 한다.

그러나 이 딜도를 차고 아무런 심리적 압박 없이 여자를 만족시키
다 보면 여자의 흥분하는 표정이나 몸짓에 말을 안듣던 똘똘이가 갑
자기 서게 될 수도 있는 것이다. 그런 경우가 실제로 많다. 그럴 때
벨트를 벗어버리고 실제 발기된 본인의 성기로 섹스를 하면 된다.

- 드라이오르가즘 기구

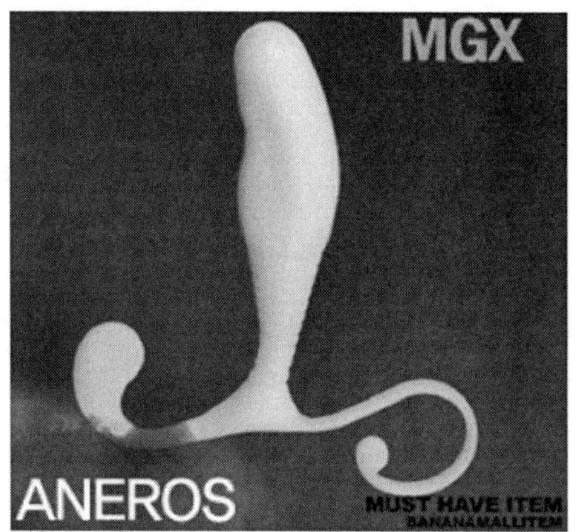

드라이오르가즘 기구

물리적인 원인도 아니고, 심리적인 원인도 아니고, 그 어디에서도
원인을 찾을 수 없는데다가, 비아그라 등의 약, 주사요법으로도 효험
을 못 봐서 아예 발기를 포기하신 분들에게 희소식이다.

마치 여자의 오르가즘처럼 머리끝까지 쭈뼛하게 치솟아오르는 오르가즘의 느낌. 비사정 오르가즘인 드라이오르가즘을 탐구해 보는 것이 좋을 것이다. 드라이 오르가즘은 항문에서 7cm정도 안쪽에 자리 잡고 있는 전립선을 터치하여 느껴지는 오르가즘인데 드라이 오르가즘용 애널(항문)에 넣는 기구는 길이는 7~10cm 정도에 얇은 것이 좋다.

시중에는 드라이오르가즘 연습을 위한 제품들이 많이 나와 있다.

③ 지루에 추천하는 기구

- 남성용 자위기구(인공 질)

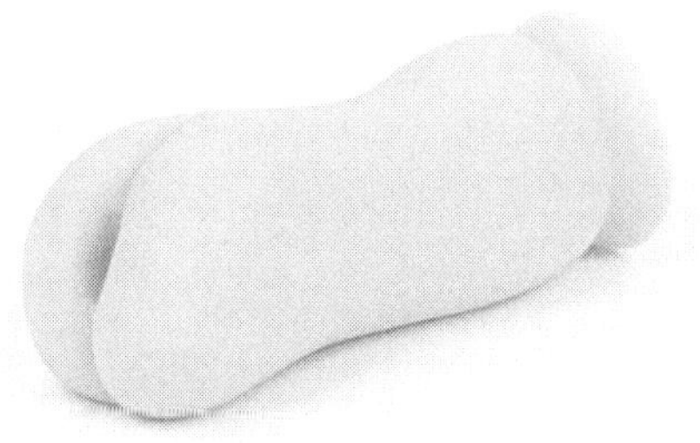

인공 질

지루는 빨리 사정하는 것이 목적이다. 사정하고 싶은데 혈압약 복용이나, 무감각, 관계 싫증 등의 원인으로 지루가 생길 수가 있다.

이럴 때는 일반 남성용 인공실리콘 질 자위기구를 하나 구입하여 사용하면 좋다. 느낌은 질 느낌과 흡사하나 꽉 조여주고 미세한 돌기들도 있기 때문에 사정이 빠르다.

너무 저렴한 제품은 금방 고장이 나거나 독한 실리콘 냄새에 시달리게 될 수도 있으므로, 보통 5~6만 원대 제품을 구입하면 무난하다.

　그리고 다소 금액은 비싸지만, 자동으로 피스톤 운동을 하거나 회전 운동을 하는 기구가 있다. 이 기구를 사용하면 평소보다 훨씬 사정이 빨리 나온다. 회전기능만 있는 제품은 20만 원대이며, 피스톤기능까지 있는 제품은 50만 원대로 꽤 고가이다. 그러나 구매자들의 만족도가 꽤 높은 제품은 자동제품이다.

2) 여자를 위한 기구

① 절정감 장애 추천 기구

- 진동기

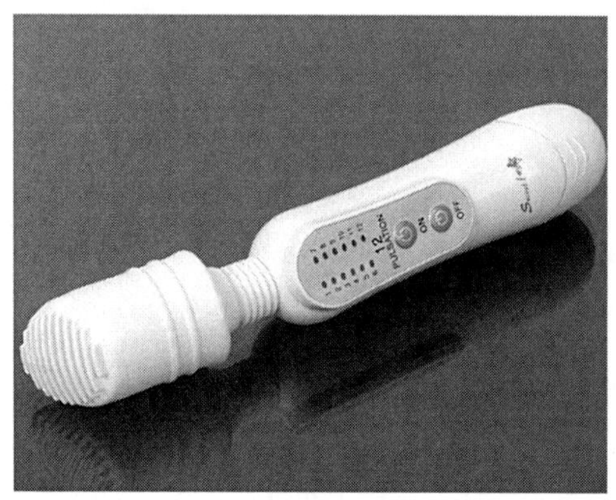

진동기

　절정감은 음핵(클리토리스)을 자극시켜 주면 대부분 해결된다.

　신이 인간에게 주신 신체기관 중 유일하게 성적 기능만 하는 인체 기관이 바로 '음핵'이다. 귀두가 음핵과 대비될 수 있을까. 귀두는 요도가 있어 소변이 배출된다. 그러나 음핵은 오로지 성적인 오르가즘을 느끼기 위해 존재하는 기관이다. 여성의 오르가즘의 75%는 음핵 오르가즘에서 나온다. 나머지 25% 정도만 질 오르가즘을 느낄 수 있다. 음핵과 G-SPOT이 함께 자극된다면 멀티오르가즘이라고 하는데 그러면 더할 나위 없이 좋겠지만, G-SPOT이 없거나 있어도 개발이 안 된 여성들이 대부분이다. 남자의 피스톤운동만으로 여성은 음핵도 자극 못 받고, G-SPOT도 자극 받기 어렵다. 그렇기 때문에 절정감 장애를 느끼는 것이다. 오르가즘을 한 번도 못 느껴본 사람은 1차적 절정감 장애라고 하고, 예전엔 여러 번 느꼈었으나 어느 순간부터 오르가즘을 못 느끼게 되는 것을 '2차적 절정감 장애'라고 한다.

진동기를 열심히 쓰고 있었는데도 오르가즘을 못 느낀다면 그런 경우는 매우 드물지만, 호르몬 치료요법을 받아야 할 경우에는 병원에 가야만 할 수도 있다.

- 진동딜도

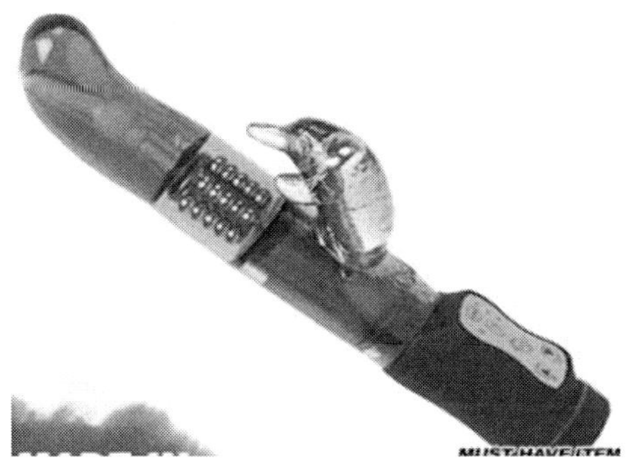

진동딜도

요즘은 자동회전, 피스톤 운동을 하는 진동딜도가 대세이다.

유행하는 제품에는 멀티오르가즘이 가능하도록 음핵자극용 뾰족한 동물코 모양이 달려있다. 동물코에서도 부르르 진동이 오고 삽입바디에서도 진동이 오거나 회전기능까지 추가되어 대부분 7가지이상의 색다른 모드들이 있다.

② 흥분 장애 추천 기구

- 흥분젤

흥분젤

핫 젤(Hot gel)이라고 해서 음핵이나 질 입구, 질 안쪽에 조금씩 발라준다. 그리고나서 호호- 입김을 불어주고 나서 애무를 하다가 삽입을 해주면 몸이 뜨거워짐이 느껴질 것이다.

상대방의 반응을 살피며 사용한다. 무뎌서 잘 모르겠다는 사용자들도 있다.

- 진동기

진동기는 에그형도 있고, 립스틱 모양, 장난감 병정모양, 그냥 진동기 모양 등 그 모양도 다양하고 크기 역시 망치만큼 큰 사이즈부터 핸드백에 쏙 들어갈 만한 미니사이즈까지 사이즈도 다양하다. USB를 꼽아서 충전시켜 사용하는 스타일, 건전지를 넣어 사용하는 스타일, 전기를 꼽아서 하는 스타일 등 충전방식도 다양한데 보통 처음에도 진동이 약한 것부터 센 것 까지 강도조절이 가능한 진동기를 구입하는 게 좋다.

처음부터 너무 세게 틀어놓고 자극을 하면 너무 빨리 오르가즘에 오르게 된다. 초보자는 제일 약한 진동부터 시작하자. 그리고는 음핵 주위부터 범위를 좁혀가며 자극을 한다. '딱 여기야!'라는 느낌을 받는 포인트를 발견하면 그 쪽을 집중적으로 자극해 본다.

섹스 전 진동기로 자극해서 1차 오르가즘을 강렬히 느낀 연후에 삽입을 한다. 그러면 남자의 피스톤 운동으로 2차 오르가즘에 오를 수 있다.

③ 갱년기 장애 추천 기구

– 젤

일반 젤도 인체에 무해한 성분으로 이루어져 있는 것이 많다. 왜냐 하면 입으로 들어갈 경우도 있기 때문에 대부분, 무색무취의 수분젤을 선호한다.

갱년기가 되면 여성호르몬이 적게 분비되어 애액도 감소함으로 질 건조증에 시달릴 수 있다. 그러나 수분젤은 금방 마르기도 하므로, 가 격이 조금 나가는 상품으로 추천을 하자면 오프라 윈프리(미국의 유명 토크쇼 여성MC)가 극찬했다던 그 젤이 쉽게 마르지 않아서 좋다고 한다.

3) 커플을 위한 기구

가끔 내 여자가 기구에 흥분하는 모습을 보고 배신감 내지는, 기구 같은 무생물에 질투하는 남자들이 있다. 그럴 필요가 전혀 없다.

여성 파트너를 기구로 먼저 음핵을 자극 시켜주면 내가 애써 애무하며 흥분시켜 주지 않아도 쉽게 오르가즘으로 보낼 수 있다. 그 상태에서 삽입만 해줘도 된다.

이미 일차적 오르가즘을 느낀 여성의 질은 꽉 조여져 있는 상태이다. 다른 게 명기가 아니다. 오르가즘을 느낀 여자의 성기가 바로 명기이다. 따라서 커플들은 전희 시 기구를 사용하는 것도 좋다.

관계할 때 진동기와 벨트딜도 등을 추천해 주고 싶다.

4) 성 소외층을 위한 기구

장애인에겐 위에서 언급한 자동자위기구가 제격이다.

몸을 움직이기가 어려우니 예를 들면 휠체어에 앉아있는 자세에서 자동자위기구를 설치해(?) 놓고 버튼만 누르면 알아서 운동을 해주니 이 얼마나 편리한가.

남성 노인은 나이가 들어감에 따라 발기력에 어려움을 겪는 경우가 흔하다. 이럴 때는 역시 위에서 언급한 바 있는 벨트딜도를 차고 상대 여성을 만족시켜주거나, 옥이나 게르마늄 소재 등의 몸에 좋은 소재의 링을 사용하는 것이 좋을 것이다.

혼자 사는 1인 남성인데 애인이 없다면, 리얼돌(성인용인형)을 구입해서 섹스를 나누거나 실리콘 여성인공 질을 구입하여 자위를 하면 되겠다.

Lesson 2
자위법의 진수를 보여주마!
- 자위 테라피

1. 서로 마주보며 자위하기 혹은 타위해주기

섹스가 치러야 할 숙제로 여겨지면 부담스러울 수밖에 없다. 건강하고 규칙적인 성생활을 즐기는 부부는 섹스가 스트레스 해소의 한 방법이라는 것을 잘 안다. 섹스가 잘 안될 때 부부가 서로의 자위를 도와주는 것은 상당히 효과적인 방법이다. 펠라치오(구강성교)나 손을 이용해 남편의 사정을 도와주고, 커닐링구스(남성이 여성의 음부를 핥는 구강성교의 일종)나 손으로 아내가 오르가슴을 느끼게 해준다. 남편이 자기 마음대로 자위하도록 옷을 벗고 시각적 자극만 주면서 지켜봐도 좋다. 남편의 애무를 받으며 자기 하고 싶은 대로 마음껏 자위를 해도 좋다. 불만스러운 삽입성교로 인한 실망과 분노가 쌓이지 않아 언제든 때가 되면 멋진 삽입섹스가 가능하다. 서로의 욕구를 존중하고 감정적으로 지지해주면서 자위를 도와주는 것은 그 자체가 둘이 하는 섹스와 다름이 없다.

2. 우리 몸의 차크라를 개발해 보자.

에너지가 지나가는 플랫폼인 우리 몸의 차크라. 이 차크라 이론은 쉽게 말하면 우리몸의 에너지 중심점이다. 가장 기본이 되는 차크라는 7개로써 척추를 따라 흐른다. 우리의 인생은 큰 에너지의 흐름으로 보면 된다. 뿌리 차크라부터 시작해서 매 7년 주기로 하나의 차크라를 지나며, 해당 차크라를 지날 때의 7년 동안은 그것이 우리 삶의 모토가 된다.

'뿌리 차크라(항문과 생식기 사이에 자리하고 있는 차크라)'

'천골 차크라(생식기 바로 위)'

'태양신경총 차크라(배꼽에서 대략 손가락 두 개 너비 위)'

'가슴 차크라(가슴의 중심)'

'목구멍 차크라(목의 구렁과 후두 사이)'

'제3의 눈 차크라(콧마루에서 손가락 하나 너비 위, 이마의 중심에 자리)'

'왕관 차크라(머리 중앙의 가장 높은 지점)'

이렇게 총 7개가 있다.

이 차크라만 잘 자극해도 오르가즘에 오를 수 있다고 한다.

예를 들면 생식기 바로 위의 천골 차크라를 자극을 해주면 자극을 해주는 것만으로 궁극의 오르가즘을 맛볼 수도 있겠다. 어떤 이는 가슴 차크라(가슴의 중심)를 남편이 꾹 눌러주면 극한의 오르가즘에 눈물이 나온다는 분도 있었다. 우리의 몸은 무한대의 성적 에너지를 개발할 수 있을 만큼 무궁무진한 요소가 많다. 남자 같은 경우는 드라이 오르가즘(비사정 오르가즘, 전립선 자극법)을 느끼면 극한의 오르가즘에 여자처럼 괴성을 지르거나 눈물이 샘솟는 경우도 있다고 한다.

어떤 성 칼럼니스트는 매일매일 본인의 질 속을 손가락이나 기구로 탐구하며 수백 개의 G-SPOT을 찾아내는 업적(?)을 이루었다고 한다. G-SPOT은 '있다 없다'로 학자들끼리의 논쟁도 거세지만, 나는 있다고 본다. 실제로 내 몸 안에 왼쪽 질벽 3~5cm안을 만지면 동글게 부푸는 그것이 있다. 이곳을 잘 자극하면 여성은 시오후키(일명, '여자의 사정')를 경험하기도 한다. 이렇듯 무궁무진한 우리의 성적 포인트를 개발하며 내 몸에 대해서 잘 알고, 사랑하며, 느끼며 사는 것은 정말 중요하다. 나를 사랑하는 하나의 방법이라고 본다.

차크라에 관심 있는 분들은 차크라 관련 서적을 찾아보거나 인터넷 검색만으로도 정보를 금방 얻을 수 있으니, 발품이 아닌 손품을 팔며 에너지 개발을 충분히 해볼 것을 권유해 드린다.

3. 조루의 자위훈련법

1) 스탑 투 스타트법 (Stop to Start)

손이나 인공질로 연습한다. 여기서는 자위법이니 손으로 연습해야겠다. 피스톤 운동을 손으로 하다가 50-70퍼센트 정도 흥분했을 때 일단 멈춘다. 그런 후 5~25초 사이 발기가 다 풀리지 않았을 때 다시 이 방법을 시작한다. 처음에 시작할 때는 연습할 인공질이 있어도 손부터 시작하는 것이 좋다.

어느 정도 훈련이 되면 인공질로 연습을 해보고, 인공질에도 적응을
하면 그 다음에는 파트너의 질로 연습한다. 일주일에 1~2회 씩 한 달
반에서 세 달 사이면 사정 조절 능력이 생긴다.

2) 스퀴즈법 (Squeeze)

사정감이 올 때마다 약지로 귀두 가운데, 중지로 포피, 엄지로 귀두
밑 주름을 꾹 누르면 된다. 인공질로 연습을 하다가 사정감이 오는 느
낌이 나면 재빨리 뺀다. 그리고 또 꾹 누른다.
이렇게 여러 번 연습하면 사정 조절 능력이 생긴다.

Lesson 3
섹스만족도 Up시키는 - 스킬 테라피

즐거운 섹스를 위한 섹스 스킬 테라피.

섹스가 즐겁지 않으면 흥분장애, 절정감 장애, 지루증 등이 생기는 원인이 되기도 한다. 그렇다면 과연 이 섹스라는 놈은 어떻게 다루어야 비로소 좋은 것인가.

잘하는 법을 연구하여 섹스스킬 테라피를 만들어 보았다.

1. 커플의 섹스테라피

1) 몸과 맘이 편한 섹스환경 조성

머리로 섹스하는 이들은 몸과 마음이 편안해야 비로소 느낀다.

나의 커플 내담자 중 이런 분이 있었다. 남편은 40대 중후반의 한 회사중역 간부였으며, 아내는 40대 중반의 학교 선생님이었다.

남편은 관계에 항상 불만이었다. 와이프가 불감증이 아닌지 나보고 상담을 통해 마음도 열고, 몸도 열어달라는(?) 상담의뢰를 하였다. 본인은 성욕이 넘쳐 미치는데, 와이프는 늘 시큰둥하다는 것이었다. 본인은 술, 담배를 안 하기에 회식에서 밥만 먹고 집에 2, 3시쯤 들어와서도 자고 있는 아내에게 달려든단다. 근데 아내는 늘 요구에 응해주지 않고, 평소 자기 전 섹스하려 해도 아이들 공부하니까 하지 말라고 한단다. 이런 아내의 불응이 문제인가? 아니면 성욕이 과다해서 다소 무리한 요구를 하는 남편이 문제인가? 이 부부는 어떻게 해결점을 찾을 수 있을까?

섹스기질은 '머리로 하는 기질', '가슴으로 하는 기질', '육감에만 의존하는 기질' 이렇게 세 가지가 있다. 내가 볼 때 아내는 '머리로 섹스 하는 사람'이었다. 그런 사람은 몸과 마음이 편안하지 않으면 섹스를 통해 어떠한 오르가즘이나 흥분도 느끼지 못한다. 불안하기 때문이다. 아내는 청소년인 아이들이 자고 있다가 혹시 깰까 봐, 혹시 소리가 나면 공부하다가 집중이라도 못할까 걱정이 되니 집에서 섹스하는 그 자체를 꺼렸던 것이다.

이 부부에게 솔루션을 제시했다. 함께 여행을 다녀오는 거다. 집이 아닌 편안한 공간에서의 섹스는 아내에게 오르가즘을 선사할 것이다. 여행의 시간이 여의치 않으면 분위기 좋은 호텔, 모텔 등에 가서 리프레싱(기분전환)하는 것도 방법이다.

난 그들을 위해 분위기 좋기로 유명한 바다가 보이는 근교의 호텔을 대신 예약해 주었다. 다녀와서 남편이 하는 말,

"선생님, 효과 제대로 있었습니다. 아내가 바다가 보이는 아름다운 인테리어의 호텔에 가서 섹스하니 그 날 막 소리도 맘껏 지르고 엄청나게 흥분하더군요. 평생 처음 느껴본 오르가즘 이었다나요, 하하하!

그리고 우리 부부는 그 날 장시간의 대화로 그 동안의 앙금도 모두 풀어버렸답니다.”

아내는 부끄러운지 남편만 만나서 결과를 들었지만, 남편분의 흐뭇한 표정과 말이 모든 걸 설명해주고 있었다. 평소에 '난 불안하면 섹스의 기쁨을 잘 못 느끼는 것 같아'라는 생각이 드는 분들이 있다면 이렇게 편안한 공간의 조건을 갖추고 나서 오르가즘이 왕림하시길 기다리는 게 좋다.

2) 체위의 변화 시도

① 카마수트라 체위 활용

'여자 혼자 인도에 가면 돌아오지 않는다.'

이 말인 즉, 여자 혼자 인도에 갔다가 인도 현지 남자와 자고 나면 그대로 인도에 눌러앉아 살 정도로 인도남자의 섹스스킬은 대단하다고 한다. 그렇다면 그들은 어디서 이 대단한 기술들을 습득한 것일까.

일단 인도인들의 관념부터 살펴보자. 인도인에겐 '카마수트라'라는 성전이 있다. 인도인들이 추구하는 인생의 네 가지 가치는 '다르마(Dharma, 인간의 도리), 아르타(Artha, 재산의 추구), 카마(Kama, 성애의 추구), 목샤(Moksa, 해탈)'이다.

이 중 '카마(Kama, 성애의 추구)'가 눈에 띄는데, 어떻게 인생의 네 가지 가치 중 성적욕망을 추구하는 것이 대놓고 상위권에 랭크될 수 있을까! 대한민국에 사는 나로서는 이해가 어려운 부분이었다. 그러나 그들의 뿌리깊은 사조는 '성적욕망을 추구함으로써 좋은 자손을 번성시킨다.'라는 의미가 있었던 것이다. 그 정도로 인도인에게 성적욕망과 남녀의 교합은 중요시된다.

따라서 '카마수트라'라는 성전에서 다양한 체위를 소개해 놓은 것처럼 성전을 사다가 한 가지씩 실행을 해보는 것도 좋을 것이다. 성전에 실린 체위들은 요가수행을 하지 않은 사람에게는 다소 어려울 수도 있다. 그리고 체위는 교합하고 빠르게 피스톤 운동부터 하는 것보다는 교합하고 잠깐 멈춤 상태로 있다가 하는 것이 좋다. 그래야 기가 원활하게 통한다. 남녀의 좋은 기운을 교류하면 남자는 사정을 해도 힘들지 않고 섹스 후에 더욱 더 기운이 솟는다. 여자는 더 말할 나위도 없다.

② 다양한 체위의 변화 시도가 중요

위에서 섹스의 체위에 카마수트라 체위법을 익히는 것을 추천하였는데, 단지 '추천'일 뿐이다. 시도해 보았으나 우리 커플에겐 너무나 어렵다고 생각되면 굳이 진행하기 보다는 서로 특별히 자극받는 체위를 익혀두는 것이 더 중요할 수도 있다.

나 같은 경우는 여성상위나 정상위를 좋아한다. 그러나 아무리 좋은 체위도 가끔가다 한 번씩 써야지 매일 쓰다가는 결국 똑같이 지루해지고 만다. 섹스에는 변화가 중요하다. 그리고 선호체위는 유동성 있게 섹스경력에 비례하여 더욱더 개발되고 발전될 수 있다.

서로 선호하는 체위가 있더라도 조금 아껴두고, 다양한 체위를 시도할수록 좋다. 예를 들면, 어떤 여성 내담자는 파트너의 성기가 본인 것에 비해 조금 작았다고 한다. 인도 카마수트라의 성기궁합을 빗대면 여자는 암말형(中), 남자는 토끼형(小)이었던 것이다.

이 커플은 평소 후배위를 하면 여자가 많이 느꼈다고 한다.

그런데 한 번은 침대의 측면에 여자가 누워있었는데 남자가 정상위를 저돌적으로 하다가 여자의 고개가 침대 밑으로 떨어지게 되었고,

그 때 여자는 강한 오르가즘을 느꼈다고 한다.

이렇게 오르가즘 포인트는 어느 날, 문득, 불현듯, 부지불식간에 새로운 체위 속에 새롭게 개발되어질 수 있는 것이다.

3) 섹스 판타지 연상법

각종 성 트러블과 관계 개선 치료를 위해 성 상담소에서는 성적(性的)인 상상, 환상 등을 적극적으로 권한다. 파트너가 아닌 다른 사람과의 섹스를 상상하는 것도 포함된다. 어떤 여성은 남편과 섹스를 나누면서 낯선 남자를 상상해 쾌감을 얻고, 어떤 남성은 사랑했지만 섹스를 나눠 보지 못한 여성과 섹스하는 상상을 하면서 현재의 파트너에게 대신 사정하기도 한다. 현실에서 시도하기 힘든 것을 연상법으로 시도하거나, 평소 갖고 있던 성적 판타지가 있다면 파트너의 협조를 구해 색다른 시도를 해보면 만족도 향상에 큰 도움이 된다. 상상 속이나 현실에서 섹스 판타지를 실현하는 것은 그야말로 뇌가 섹시해지면서 자연호르몬이 방출되는 효과이므로 다른 그 어떤 치료보다 효과적이다. 아니면 커플끼리 역할극을 해도 좋다. 꼭 복장으로 코스프레를 하지 않아도 된다. 섹스하는 도중에 말로 상상하면서 '섹톡'을 나누는 거다. 예를 들면 "오늘 자기는 하숙집 총각이고, 나는 하숙집 주인아줌마야."라고 역할을 주어준다. 그리고는 섹스 중 대화하면서 그 역할극에 충실하게 빠져본다.

"아줌마, 아… 아… 왜 그러세요."

상상이니까 괜찮다. 어떤 상황도 실행에 옮기지 않는 범위 내에서의 단지 상상력만으로 관계에 활력을 불어넣어줄 수 있다면 좋은 것 아닌가.

4) 남녀 모두 신체적 콤플렉스를 극복하자

선천적인 성기 모양에 콤플렉스가 있거나, 비만인 경우 함몰 음경도 많은데 이런 성기 콤플렉스는 섹스에 지대한 영향을 미치게 된다. 이런 외면적인 고민이 있는 경우에는 최후의 방편으로 병원의 도움을 받아 수술을 하든지 해서 콤플렉스에서 벗어나야 한다. 자신의 성기가 작다고 생각하면 자신감이 없어지기 때문에 발기 상태도 당연히 안 좋다.

나의 내담자 중 한 명은 40대 중후반이었다. 너무나 능력이 있는 남자였고, 외관상 보기에도 괜찮아 보였는데 결혼을 안 한 이유와 나를 찾아온 이유가 궁금했다. 굉장히 망설이다가 그는 나에게 사진 한 장을 보여주었다. 상담을 받기 위해서 발기된 본인의 성기를 미리 찍어둔 것이었는데, 사진 속 그의 성기는 세상 처음 보는 모양이었다. 거의 동그란 호떡만한 모양과 크기에 귀두는 그에 비해 아주 작았다. 그래서 삽입이 가능한 여자가 거의 없다고 했다. 아이를 어느 정도 자연분만해서 질이 탄력이 있는 여자가 아니면 처녀들에겐 삽입을 상상도 못한다고 했다. 선천적 성기 기형증이었다.

이 분에게는 비뇨기과 가서 성기모양 수술을 권했지만, 본인 스스로 성기가 크다고 생각하고 자신감이 어느 정도 있는 사람이라 수술은 싫다고 했다. 그러나 아직까지 결혼을 못하고 있는 건 사실이었다. 스스로 수술이 싫다고 하니 강하게 권유할 수는 없었으나, 그러면서도 결혼 못하는 원인을 거기에서 찾고, 마음 속 깊은 곳 성기 모양에 대한 컴플렉스는 어느 정도 이중적 잣대가 걸쳐진 경우였다.

여성의 경우, 20대 아가씨인데 질이 선천적으로 너무 넓은 내담자가 있었다. 그래서 남자를 사귀면 다 한 번 자보고는 떠났다고 한다.

질 탄력성 검사를 했더니 0점이 나왔다. 이런 분은 케겔운동 같은 건 도움이 안 된다. 오로지 수술만이 길이다.

내 권유대로 수술을 하고 최근에는 좋은 남자를 만나 결혼해서 아이도 낳았다며 카톡으로 사진도 보내주었다.

인내는 미덕이 아니다.
감추지 말고 당당해져라.
당당해지기 위해선 물리적 수술도 방법이 될 수도 있다.

2. 섹스스킬 테라피 - 남성

1) 남자는 나이 들수록 성적 친밀감이 중요하다

사정 오르가즘을 좀 더 증폭시키기 위해서는 흥분이 최고치에 달했을 때 사정할 수 있는 템포 조절이 관건이다. 섹스 중 흥분하다 보면 본능적으로 템포가 빨라지면서 사정하고자 하는 욕구가 강해지는데 그럴 때 바로 사정하지 말고 흥분상태를 오래 지속시킬수록 오르가즘이 강해진다고 한다. 초반에는 잔잔하게 시작해 점차 격렬해지는 것이 좋다. 그러나 사정 오르가즘은 자위만으로도 얼마든지 가능하며 단순한 사정 오르가즘은 끝나고 나면 매우 허무할 수가 있다. 나는 이것을 '공허한 오르가즘'이라고 명명하고 싶다.

어린 시절의 남성은 공허한 오르가즘에도 집착한다. 따라서 상대를 가리지 않고 관계하는 남자도 매우 많다. 그러나 이런 공허한 오르가즘과 달리 황홀하다고 느낄 정도의 오르가즘을 위해서는 파트너와의 애정과 성적 친밀감이 가장 중요하다. 애정 없는 섹스는 자위와 마찬가지로 공허한 오르가즘만 충족시켜줄 뿐이다. 특히 남자는 나이가 들수록 이런 공허한 오르가즘이 몇 배는 더 허무하게 느껴져 업소도 잘 안 찾게 되고 자위도 예전만큼 안 하게 되는 경우가 생긴다.

애정 외에 파트너와의 속궁합도 큰 영향을 미친다. 진정한 속궁합은 서로의 성기크기를 떠나서 무엇보다도 성적 취향이 잘 맞는 것이다. 서로 좋아하는 것을 솔직하게 적극적으로 표현하고 성적 판타지도 공유하고 나면 남자도 황홀한 궁극의 오르가즘을 느낄 수 있다.

섹스는 관계의 일환이다. 혼자 할 수 있는 게 아니다. 성적 취향과 적극성이 비슷한 사람을 만나야 장족의 발전을 이룰 수 있다. 이런 모든 조건을 갖추고 섹스를 하는 성적친밀감 섹스는 남자에게 형용할 수 없는 기쁨을 가져다 줄 것이다. 사랑하는 여자와, 속궁합도 잘 맞고, 섹톡도 나누며 판타지도 공유할 때 비로소 성적 친밀감은 배로 올라가며 인생에서의 참다운 섹스의 의미를 알게 되는 것이다.

2) 내 여자를 오르가즘 천국으로 보내는 섹스 스킬

- 삽입시기는 언제가 좋은가?

질 분비물이 여자의 흥분을 대변하고, 시오후키(여자의 사정)가 여자의 오르가즘을 대변한다는 것은 섣부른 판단이다. 특히 애액이 나오는 것은 흥분 초기에 시작되는 초기반사일 뿐인데 애액이 나온다고 이미 충분히 흥분한 것으로 속단하여 자극을 중지하거나 대충 마무리하고 삽입을 시도한다면 그 후에 무시무시하게 이어질 여자의 최고조 절정감은 무시하는 꼴이 된다.

삽입 순간은 최소한 여자가 결정할 수 있도록 기다린다. 여자가 먼저 "넣어줘."라고 얘기를 할 수도 있다. 아니면 당신의 유두, 음핵애무나 외부자극에 의해 (참고로, 진동기 음핵자극을 추천한다) 충분히 부르르 떨리며 1차적 오르가즘을 느낄 때 그 때가 바로 여자가 삽입을 원하는 순간이다. 이 기회를 적절히 포착하는 것이 무엇보다 중요하다.

인생은 타이밍이다. 고로 섹스도 타이밍이다. 명기가 따로 있다지만 다른 게 명기가 아니라 바로 1차적 오르가즘을 느껴 흥분한 여성의 질이 명기이다.

나의 내담자 중 한 40대 후반 남자 분은, 아내를 다른 남자에게 보낸다. 공식적으로 아내의 외도를 인정하는 아주 특이하면서도 마음이 관대(?)하신 분이었다. 그 분은 아내를 다른 남자에게 보내고 나서, 집으로 돌아온 아내와는 꼭 잠자리를 한다고 한다. 그 때 오르가즘을 느끼고 온 아내의 질은 나긋나긋 물어주면서 쪽쪽 빨아들이는 명기의 그것과 견줄 만하다고 한다. 많이 흥분하면 흥분할수록 더욱 그러하다고 한다.

예를 들면 아내가 너무나 섹스 잘한다고 칭찬을 자자하게 하던 근육남이 있었는데, 그 남자와 관계를 하고 돌아온 아내와 바로 삽입섹스를 시도하였더니 아내의 질 근육은 상상도 못할 정도로 쫄깃쫄깃한 느낌이 들었다고 한다. 여기서 중요한 포인트는, 내 여자가 섣불리 흥분했다 판단하지 말고 애무나 자극을 오래오래 해서 기쁘게 한 다음,

1차 오르가즘을 느낀 후 삽입하면 남자도 최상의 오르가즘과 명기의 느낌을 느낄 수 있다는 것이다.

- 여성이 특히 좋아하는 체위

여성의 유두는 제2의 성기라고 할 정도로 민감한 사람이 많다.

따라서 남자가 누워있는 상태에서 베개를 조금 높은 걸 베고, 여자 젖가슴을 손으로 모아 유두 두 개를 함께 물며 자극해 주면 여자는 거의 까무러친다.

여자가 여성상위로 남자 몸 위에 올라타 클리토리스(음핵)도 자극하면서 하는 체위는 위에서 아래로 찍어누르는 피스톤 운동(이 체위는 여자의 다리가 많이 아프다) 보다는 남자위에 털썩 걸터앉아 두 다리를 한 번 겹친 상태에서 위 아래로 움직이며 음핵과 G-스팟이 동시에 자극될 수 있도록 하는 걸 권장한다. 이런 체위만으로도 여자는 극한의 오르가즘을 느낄 수 있는데, 여기에 남자가 아래에서 유두 두 개를 함께 애무해준다면 여자는 최상의 고조감을 느낄 수 있게 된다.

3) 발기 강직도와 체력에 따라 오르가즘의 강도가 달라진다

- 남자에게 정말 좋은데… 어떻게 표현할 방법이 없네?!

성기의 발기 강직도를 강화하려면 PC 근육 운동을 꾸준히 하라.

하루 일과 중 생각날 때마다 꾸준히 PC 근육을 단련하면 후배위 할 때도 도움이 된다. 아무래도 정상위 때보다 PC 근육이 많이 쓰이기 때문에 좀더 만족스럽다.

섹스에는 PC 근육과 발기력 외에 전반적인 건강 상태와 체력이 영향을 미친다. 발기력과 강직도를 위해서는 혈액순환이 좋아야 하고, 사정을 조절하기 위해서는 인내력과 지구력이 필요하다. 결국 섹스는 종합 스포츠인 셈이다. 신체가 건강해야 건강한 섹스를 할 수 있다.

외국남성들의 성기는 크지만 흐물흐물하다. 강직도가 높지 않은 것이다. 그러나 한국이나 동양인의 성기는 작지만 강직도가 센 편이다. 좀 작더라도 딱딱한 성기가 좋다. 크면서 딱딱하기까지 하면 금상첨화겠지만, 대부분 큰 사람은 강직도가 좀 떨어지게 되어있다. 가슴 큰 여자가 쉽게 가슴이 처지는 것처럼 말이다. 아무리 커도 흐물흐물 물엿 같아서는 삽입도 어렵고, 꼬깃꼬깃 겨우 구겨넣어 억지로 삽입을 한다 하더라도 여자는 물오징어가 들어왔는지 뭐가 들어왔는지도 느낌이 없고 성감도 훨씬 떨어진다. 하지만 강직도 높이는 PC근육운동을 꾸준히 한다면 성기가 큰 남자도 충분히 딱딱한 남자가 될 수 있다.

그 외에도 발기에 문제가 있던 나의 내담자 중 한 명에게 나는 일시적인 효과를 주면서 장기 복용하게 되면 정말 몸에도 두루두루 좋은 성분의 커피믹스를 선물로 주었다. 그는 한 번 마시더니 금방 효과를 보았고, 두세 번 그렇게 마시면서 PC근육운동을 꾸준히 병행하였다. 두세 번의 딱딱한(?) 관계 속에서 자신감을 거의 회복한 그는 그 후론 더 이상 고개 숙인 남자가 되지 않았다.

거기다가 PC근육운동을 꾸준히 병행하니 그 다음부터는 커피를 마시지 않아도 발기력과 강직도가 호전되는 양상을 보였다.

나이가 들면 습관이 나를 만든다. PC근육운동을 매일 하는 습관을 들여 백세시대에 백세까지 왕성하게 성생활을 누린다면 그보다 더 좋은 것이 있으랴.

3. 섹스스킬 테라피 - 여성

1) 여성의 진정한 섹시함은 '섹스에 대한 관심도'에서 나온다.

섹스할 때는 예쁘고 몸매 좋은 여자보다는 섹스에 적극적이고 스킬 좋은 여자가 더욱 사랑받는 법이다.

한 내담자가 동남아에 놀러갔는데 거기서 동남아 직업여성과 관계를 했다고 한다. 그랬더니 그녀는 껌을 짝짝 씹으며 무표정한 얼굴로 천장만 바라보면서 "빨리빨리 해요."라고 한국말로 말했다고 한다. 그 여자가 너무나 인형같이 예뻐서 마음에 든 나머지 무수한 경쟁을 뚫고 웃돈을 주어가며 관계를 한 건데, 사정을 종용하는 듯한 표정과 말에 확 정이 확 떨어져서 결국은 사정도 못하고 나왔다고 한다.

남자들이 섹스 중 최악으로 꼽는 여자는 '왜 이렇게 오래 하나?'며 흥미 깨지는 말을 서슴없이 던지는 여자들이다.

남자는 섹스 도중 여자의 표정을 면밀히 관찰하는 경우가 많다. 여자의 표정에서 흥분이나 민족도를 보면서 본인의 사정템포를 맞추기 때문이다. 또한 남자는 시각적으로 자극을 많이 받기 때문에 여자의 숨이 넘어갈 듯 흥분된 표정을 보면 포르노 동영상을 본 것 이상으로 심하게 자극을 받아 쾌감의 강도가 높아진다고 한다.

그렇다고 거짓 표현을 지으며 연기하라는 말이 아니다. 섹스에 진정 관심을 갖고 적극적으로 노력하다 보면 섹스에 새롭게 눈뜨는 날이 분명 온다. 여자의 섹스와 성감은 나이에 비례해 발전한다. 그러고 나서 갱년기 전까지 정점을 찍은 여자의 섹스는 갱년기가 되면 호르몬의 영향으로 질 건조증이나 우울증으로 반감되기도 한다. 그래프가 내려가는 것이다.

그러나 섹스의 재미를 이미 아는 사람이라면 파트너에게 자신의 성적 취향과 현재 만족감에 대해 반드시 알려주고 오픈된 상태로 적극적인 호르몬 치료, 질이 건조하지 않게끔 활발한 윤활제 사용 등, 섹스를 적극적으로 즐겨보려는 태도가 필요하다. 그렇게 섹스를 즐기다 보면 결국 자연적으로 질 건조가 해소되는 경우도 있다. 섹스를 하면서 오르가즘을 느낄 때 방출되는 호르몬으로 갱년기도 자연스럽게 지나가며 자연호르몬 치유가 되는 것이다.

섹스에서 가장 중요한 것은 오픈 마인드의 대화, 서로간의 배려, 성적 친밀감임은 남녀 모두에게 통용되는 말이며, 그 중 여자의 진정한 섹시미는 섹스에 대한 관심과 적극성에서 나온다는 것을 명심하면 좋을 것이다.

* 본 이야기는 성심리 상담소에서 일어나는 상담사례를 치료사의 관점으로 서술한 퓨전소설입니다.

Lesson 1
성기능 장애

"너만 보면 안 서! 낯가리는 그 곳"

* 발기장애

성행위의 욕구가 있음에도 불구하고 음경이 발기되지 않아 성교에 어려움을 겪는 경우를 발기장애(Erectile Disorder)라고 하며 발기부전(Impotence)이라고 부르기도 한다. DSM-5에 따르면, 성행위 시에 남성의 성기가 발기되지 않거나 성행위를 마칠 때까지 발기 상태를 유지하지 못하는 일이 대부분(75~100%)의 성행위 시에 반복적으로 6개월 이상 나타날 경우에 발기장애로 진단된다.

권석만 〈이상심리학의 기초〉

"선생님요, 안녕하십니꺼."

구수한 경상도 사투리를 구사하는 40대 중반 정도로 보이는 남자분이 방문했다.

"아, 어제 전화로 예약하신 김정훈 씨죠?"

"예……."

"구미에서 오신다더니, 오시는 길 힘드시지 않으셨나요?"

"예. 구미에서 네 시간 걸렸습니더. 아침 첫 차 타고 왔습니더."

김정훈 씨는 내가 진행하는 라디오 방송도 듣고, 칼럼도 보고 일부러 나를 멀리서 찾아온 귀한 손님이었다. 멀리서 찾아온 만큼 후회없도록 상담에 더욱 정성을 기울여야겠다는 생각을 하며 그를 맞이했다.

"선생님요…… 사실은예……."

"편하게 이야기하세요. 괜찮습니다."

이 두 마디 '편하게 이야기하세요. 괜찮습니다.'는 내가 태어나서 제일 많이 한 말 같다. 그 정도로 내담자들은 본인의 성생활을 타인에게 오픈하기 꺼려한다. 이미 상담예약을 하고 왔음에도 불구하고 말이다.

김정훈 씨는 결혼 18년 차에 청소년 자녀 둘 을 둔 평범한 가장이다. 제조회사의 공장을 하나 맡아 공장장으로 근무하며 수입도 그런대로 자식들 거두면서 먹고 살만한 편이다.

아내는 그야말로 평범한 가정주부이며 안혜자 씨. 나이는 김정훈 씨보다 두 살 연상녀이다. 평소 아내와의 섹스는 그런대로 괜찮았다. 결혼한 지 꽤 오래됐는데도 불구하고, 비교적 금슬이 좋은 편이라 아직도 일주일에 한 두 번은 꼬박꼬박 관계를 하는 편이었다.

그러던 어느 날, 45세 본인의 생일 날 부부관계를 시도하던 정훈 씨. 열심히 관계를 나누던 중에 풀이 죽어버린 성기가 밖으로 빠지는 상황이 생겼다.

"자기야, 와 그라는데."

아내가 걱정스러운 듯 물었다. 그래서 다시 별 짓 다하며 흥분해

보려했지만 거시기는 계속 풀이 죽은 상태로 회복되지 않았다. 그는 그만 행위를 중단하고야 말았다.

"나는 얼마 전에 마흔 다섯 생일 지나니까 갑자기 거기가 말을 안 듣는다. 너희는 안 그러냐?"

라고 얼마 전 술자리에서 친구가 얘기를 한 적이 있다.

"야, 이 자슥아! 그런게 어딨노. 너그 거시기가 너그 생일을 우짜 알고 생일 지나자마자 말을 안 듣는다 말이노" 하며 웃어넘겨 버렸는데 정훈 씨 본인에게도 정말 똑같은 현상이 생긴 거다.

'요즘 쫌 피곤해서겠지' 하며 애써 잊으려 했지만 자꾸 발기가 풀린 생각이 나니 회사에서도 일이 손에 안 잡혔다.

그 다음에도, 또 그 다음에도 부부관계를 시도할 때마다 똑같은 현상이 되풀이되었다. 처음에는 발기가 중간에 풀려버리는 현상이었지만, 이제는 아예 처음부터 기죽은 남자가 되어버렸다. 그는 아내를 볼 낯이 없었다.

"자기야, 요즘 많이 피곤하나?"

아내는 용봉탕, 개구리, 뱀술 등 어디서 그렇게 잘도 구해오는지 그에게 각종 정력제들을 내밀었다.

한 번 일이 꼬이니 더욱 꼬였다. 그런 정력제를 먹이는 아내가 무서워진 것이다. 본인 나잇대의 남자는 아내의 샤워하는 소리만 들어도 겁이 확 난다는데, 그게 하나 틀린 말이 아니다. 정훈 씨는 회사, 일 핑계를 대며 매일 늦게 갔다. 당장은 회피가 최우선이었다.

하루는 늦은 시간에 집에 갔는데 아내가 어디서 구했는지 망사로 된 바디스타킹을 온 몸에 휘두르고 있었다.

"치아라, 마. 뭐 고기 잡으러 가나?"

이렇게 이야기하고 이불을 획 덮고는 자는 척을 했다.

그러자 그 다음날은 아내가 더 가관이었다. 티팬티를 구해서 가터벨트와 함께 신고 있는 거였다. 오동통하고 짤막한 그녀의 다리는 가터벨트를 최대한 바짝 당겼는데도 벨트가 스타킹과 티팬티 사이에서 헐렁헐렁 남아돌고 있었다. 스타킹은 밴드도 너무 남아돌아 끝부분이 돌돌돌돌 말려 겨우 이것이 팬티스타킹이 아니라는 것만 알 정도의 형태였다.

"와…… 니 진짜 짧다."

이 한마디를 남기고 그는 또 이불을 확 덮고는 잠을 청했다. 속마음과 다르게 표현하는 본인을 인지하고는 있었으나, 아내에게 칭찬을 해준다거나 한다면 계속 비슷한 복장을 할 것이고 그렇게 했는데도 발기가 안 되면 그는 정말 비참함이 이루 말할 수 없을 것 같아 용기가 나지 않았다.

그렇게 아내를 피한 지 어언 한 달이 되어가던 어느 날, 퇴근하는 그에게 아내는 버럭 화를 냈다.

"니 뭐꼬? 도대체. 사람을 개무시하는 기가? 앙? 니 뭐가 그리 잘났는데. 사람 자존심을 박박 긁어대나? 앙?"

그러면서 주저앉아 신세한탄을 하며 펑펑 우는 것이었다.

여자가 울 때 어찌할 바를 몰라하는 남자 중의 한 명이 바로 김정훈 씨였다. 그는 어찌할 줄 몰라하다가 그냥 집을 나와 버렸다. 그리고는 구미의 시내로 택시를 타고 갔다.

'내 오늘 증명을 해보이고 말끼다. 내가 아직 남자로써 쓸모가 있다는 걸.'

그리고는 유흥가를 물색하다가, 혼자 술을 마시기도 그래서 그냥 안마시술소에 들어갔다. 안마접대를 받고 그녀와 섹스를 했다.

그런데, 섹스가 되는 거였다.

중간에 풀이 죽거나 하는 일도 없이 정훈 씨의 그 곳은 아주 힘차고 용맹하게 그녀를 꿰뚫었다. 업소를 나갈 땐 어깨에 힘이 바짝 들어간 정훈 씨.

'거 봐, 나 김정훈, 아즉 살아있다 아이가.'

이렇게 안위하며 가다가 그 날 왠지 아쉬운 기분이 들어 그냥 집에 들어가지 않고 친구를 불러내어 술을 마셨다. 친구는 애인을 대동하고 자리에 나왔다. 그러자 친구의 애인이 또 동성친구를 불러내어, 남녀 모두 네 명이 술자리를 함께 하게 되었다.

친구와 친구 애인은 각각 가정이 있으면서도 애인사이였다.

정훈 씨는 그런 거 없이 평생 아내만 보고 살았었는데, 이제 아내에게 고개숙인 남자로 전락하고 나니 아내를 보는 것도 싫고 아내가 징징거리는 목소리를 듣는 것도 싫었다. 본인의 핸디캡을 아내에게 오히려 죄로 뒤집어씌우는 경우가 된 것이다.

네 명은 술이 거나해지자, 친구와 친구 애인, 그리고 정훈 씨와 친구애인의 친구는 같은 모텔 옆방에 각각 자연스레 투숙하게 되었다.

"영순 씨, 내 첨 보고 반했다 아입니까."

뻔한 뻐꾸기를 날리며 정훈 씨는 그녀를 쓰러뜨렸다. 그런데, 아까 안마시술소에서 한 번 사정을 했는데도 불구하고 , 술을 진탕 마셨는데도 불구하고, 정훈 씨의 그 곳은 식을 줄을 몰랐다.

그는 또 한 번 힘차게 돌진했다. 그러고는 그 날 사정을 모두 세 번 했다. 한 번도 중간에 기가 죽거나 하지도 않고 오히려 사정 후에도 그의 그 곳은 기죽지 않고 있었다.

여기까지 듣고 참으로 심각함을 느꼈다. 남자들이 우스갯소리로 내는 퀴즈가 있다.

문: 40~50대 남자에게 가장 예쁜 여자는?

답: 오늘 처음 본 여자.

이렇듯 상대성 발기부전을 겪는 정훈 씨, 아내와의 심리적 문제를 풀어야 아내에게도 발기부전 없이 예전처럼 즐거운 성생활을 하게 될 텐데 말이다.

"댁이 멀어서 아무래도 정훈 씨 혼자 치료를 받아야 할 텐데……괜찮으시겠어요? 원래 커플치료를 받아야 빠르거든요."

"좀 제가 자주 오더라도 혼자 받는 게 낫심더. 집사람이 아는 거 싫습더. 그냥 자연스럽게 고쳐서 집사람 앞에서도 서게만 해주이소."

김정훈 씨가 다른 여자에게는 다 섹스가 되면서, 아내에게만 유독 안 된다는 건 관계성에 따른 심리적 원인으로 보인다. 물리적인 장애 요인이면, 예를 들면 나이가 많아짐에 따라 음경해면체에 혈액공급이 원활히 되지 않아서 벌어진 문제라면 관계 중 발기가 풀릴 수 있다.

그러나 두 번째, 세 번째, 그 후로 아내와의 관계 시에는 아예 처음부터 발기가 되지 않았다고 하는 거보니 어쩌다 한 번 발기가 풀렸는데 그 이후로도 발기가 풀릴 것 같은 예기불안으로 인한 심리적인 위축감의 발기부전으로 보였다.

"아내 분을 사랑하세요?"

"하모요. 사랑하죠. 요즘 쪼매 보기싫어서 그렇죠."

"요즘은 왜 보기 싫으세요?"

"자꾸 달겨들고…… 여자가 다소곳한 면 없이 먼저 그러니까 정나미가 뚝 떨어졌습니더. 내는 먹기싫어 죽겠는데 자꾸 용봉탕 이런거 먹으라고 들이밀고…… 아주 무섭습니더."

"아내분이 관계개선을 위해서 최선을 다한다는 점을 높이 사고 그

노력을 어여삐 여겨주셔도 되잖아요."

"그래도 그건 아니지예. 아주 여자가 그것만 밝히는 여자 같습니더."

"아내분도 꼭 섹스를 하고 싶어서라기보다는 전과 다른 정훈씨가 걱정이 되어서 어떻게든 개선해 보려고 나름 노력을 하는 것으로 보이는데요."

"여자가 너무 그러니까 제 거시기가 더 안 서는 겁니더."

정훈 씨는 아내를 밝히는 여자로 몰고 있었다. 본인이 밤이 무서운 거면서 노력을 하는 아내를 가상히 생각하기는커녕 마치 아내가 밝혀서 본인이 발기가 더 어렵다는 식으로 책임전가를 하는 투이다.

정훈 씨와의 여러 번 상담으로 아내에 대한 친밀감을 다시 높이는 데 치중을 하였다.

그리고 모든 게 상대적인 것이므로, 눈 딱 감고 하루에 한 마디씩 아내 칭찬하기, 그리고 그 반응을 듣고 나에게 이야기해 주기, 아내와 손 잡고 마트가기, 아내와 하루에 30분만 대화해 보기 등등 여러 가지 친밀감 향상에 도움이 되는 미션들을 주었다.

그리고는 숙제검사를 철저히 했다.

"좀 어떠셨어요?"

"예전처럼 집사람이 달려들진 않데예. 선생님 말씀대로 사랑한다고 하고 내 맴이 변하지 않은 걸 말로써 확인시켜 주니까 그 사람 표정이 달라지데예. 고맙습니더. 선생님. 저도 집사람이 웃는 게 그렇게 예쁜줄 새삼 알았습니더. 그걸 꼭 안 해도 이렇게만 살아도 좋을 것 같네예."

"아이고, 무슨 말씀이세요. 그래도 성생활은 하고 사셔야죠. 계속 이렇게 친밀감 높이는 훈련하시고 다음 주부터는 다른 훈련 들어가겠습니다.”

“예.”

정훈 씨가 그 다음 주에 방문했다.

“지난주는 좀 어떠셨나요?”

“친밀감이 많이 높아졌을 때, 이 때다 싶을 때 하라고 하셔서……
그걸 시도했습니더.”

“아, 그러셨군요. 결과는요?”

“……처음엔 안 스더니예, 집사람이 중간에 입으로 흥분시켜주니까
되대예. 그러다 또 죽었어예.”

“그러셨군요, 그래도 전보다 많이 좋아지셨네요. 발기되고 나서 발
기가 풀릴 때까지 시간은 어느 정도 유지되셨나요?”

“한…… 5분예?”

“네. 아주 좋습니다. 거의 다 온 거 같아요. 그럼 이제 이걸 사용해
보실래요?”

나는 그에게 벨트딜도를 내밀었다. 벨트딜도란 내경이 있는 남자의
성기모형에 벨트를 단 형태로 발기부전이 있는 남성이 벨트처럼 차고,
혹은 팬티처럼 입고 성기를 딜도 내경에 끼워 관계를 하다가 진짜로
발기가 되면 그 때 벨트를 푸르고 할 수 있는 심리적 안정을 주는 성
인기구이다. 혹시 발기가 안 되더라도 최소한 여성은 만족시킬 수 있
으니 몸이 불편해 발기가 어려운 장애인들에게 주로 추천하고 있다.

그는 몸에 힘을 빼고, 발기에 부담감 갖지 않고 벨트를 착용후 아
내를 만족시켜보기로 했다. 이것이 이번 주 미션이었다.

다음 주에 방문한 그.

“선생님예, 성공했심더!”

격앙된 목소리로 기뻐하는 그를 보니 나도 덩달아 기뻐서 목소리가 커졌다.

"어머! 그러세요?"

"야. 처음에 둘이 술 한 잔씩 하고, 선생님 추천해 준 대로 아로마 잎사귀 목욕물에 띄워서 같이 욕조에 들어가 목욕도 하고, 그런 다음 편안한 상태에서 이 벨트딜도를 차고 시작을 했습더."

"그랬더니요?" 나는 침을 꼴까닥 삼켰다.

"그랬더니 집사람이 흥분하더라고예. 그 표정을 보니까 그만…… 진짜 발기가 됐지 몹니꺼. 허허허. 그래서 그 때부턴 벨트를 풀고 제 껄로 직접 삽입을 했지예. 그렇게 평소처럼 20분 정도 선생님이 알려준 체위하고예, 집사람 오르가즘 오르는 거 확인하면서예 지도 동시에 바로 시원하게 사정했심더."

"아, 정말 잘 되었어요."

이번에는 그에게 커피믹스 하나를 선물로 주었다.

"이건 또 뭡니꺼."

"정력커피입니다. 성분이 아주 좋아요. 성기능 장애 개선에 특효가 있는 커피인데요. 몸 전체에도 매우 좋은 작용을 합니다. 약은 아니구요. 제가 그냥 몇 봉씩 사면 지인들 나눠주는 정도에요. 이제 제게 딱 한 봉 남았네요. 선물로 드릴테니 이것도 한 번 일반 커피믹스 타듯 관계 30분 전에 타서 드셔보세요."

다음 주 걸려온 그의 전화.

"선생님예, 이번 주는 집사람과 신혼여행처럼 여행가기로 했심더. 휴가내고요. 그래서 다음 주에 뵙겠는데요."

"아, 네, 잘 다녀오시고 예쁜 사랑 많이많이 키워오시길 바랍니다."

"아, 잠시만예…… 저…… 그 커피말입니더."

"네? 아…… 제가 한 봉 드린 믹스 말씀하시는 거에요?"

"야, 그거 좀 많이 구해주실 수 없습니꺼. 제가 먹으려는 게 아니라 제 친구들 주려고 하는데예."

전화기 너머에 있는 김정훈 씨가 귀엽다는 생각이 들어 나는 웃음이 터져나오려 하는 걸 간신히 참고 얘기했다.

"더는 없는데요. 어쩌죠?"

"그럼…… 어떻게 알아봐주심 안됩니꺼?"

간절하게 이야기하는 그의 말투는 아마도 그 커피로 굉장한 효과를 본 듯하다. 하긴, 내가 지인들에게 한 봉씩 나눠주면 그들도 입을 모아 이야기했다. 정말 대단한 효과를 봤다고.

아무튼 김정훈 씨는 그 이후로 아내와 여행가서 아무런 문제없이 열정적 관계를 하였고, 그때는 벨트딜도도 커피도 없는 상태였음은 물론이다.

때로는 한 번 정도 발기가 안 되었을 때도 남자는 현실이상의 좌절을 한다. 그럴 필요가 없는 것이, 가끔 발기가 풀릴 수도 있고 발기가 아예 안 될 수도 있다.

DSM-5기준으로는 그런 현상이 6개월 이상 전체 성관계의 75% 이상 진행되었을 때야 비로소 발기장애라고 진단을 하니, 한 번 안 되었다고 해서 스스로 섣불리 겁을 먹어버리면 다음번에도, 다음 다음번에도 심리적 예기불안과 압박감으로 인한 심리적 발기장애 현상이 나타난다.

뭐든 지 힘을 빼고 자연스럽게 하면 해결될 것을 말이다.

그 후로 김정훈 씨는 완벽히 치료가 되었다.

이번 정훈씨의 사례는 단발성 발기부전에 따른 예기불안의 심인적 요인 치료사례이다.

힘을 빼고 성관계를 할 때는 잘 되다가, 어느 한 순간 찾아온 발기부전으로 다음 번, 그 다음 번 관계까지 예기불안으로 인한 발기부전 현상을 겪은 것이다.

본인의 발기만 기다리는 듯 느껴지는 무서운 와이프에게서는 발기가 안 되는 현상이 되풀이 되니, 사례중 정훈씨는 타인과 발기를 신경쓰지 않고 관계를 시도해본다. 사랑하는 아내를 두고 그러면 안되지만, 이미 벌어진 일이니 주워담을 수도 없는 노릇이었다.

발기부전의 원인이 심인적 요인에 있다는 것을 알고, 그에게 보조적 테라피 요법으로 성인기구 추천을 해주었다. 바로 벨트처럼 착용하는 남자인공성기인데 착용하고 관계를 하다보면 우선 발기를 해야한다는 심적 부담감에서 자유로울 수 있기에, 정훈씨 같은 심인적 발기부전일 경우 관계하다가 발기가 되는 경우가 많다.

섹스토이에 대한 대중의 인식전환이 필요한 때이다.

추천받아 적절히만 잘 사용하면 나의 부부관계 개선을 시켜줄 소중한 효자도구로 자리잡을 수도 있는 것이니까.

- 관계를 들여다보면 당신이 보인다. by MOON

"사랑스러운 내 토끼애인"

* 조루증

여성이 절정감에 도달하기 전에 미리 사정하는 일이 반복적으로 나타날 경우, 이를 조루증(Premature Ejaculation)이라고 한다. DSM-5에 따르면, 남성의 성기를 여성의 질에 삽입한 후 약 1분 이내에 그리고 사정을 원하기 전에 일찍 사정하게 되는 일이 대부분(75~100%)의 성행위 시에 반복적으로 6개월 이상 나타날 경우에 조루증으로 진단된다. 조루증은 남성이 지니는 성기능 장애 중 가장 흔한 장애이다. 통계자료에 따르면, 일반 성인남성의 36~38%가 사정을 조절하는 데에 어려움을 겪는다고 한다. 또한 성치료를 받기 위해 전문가를 찾은 남성의 경우에 약60%가 조루문제를 지니고 있지만 대부분의 남성은 성경험이 많아지고 나이가 들면서 사정의 시기를 조절하는 방법을 배우게 된다. 조루증은 심리적인 원인에 의해서 유발되는 경우가 대부분이다. 성교 시 상대방을 만족시켜주어야 한다는 강박관념과 불안, 불만스러운 결혼생활과 가정문제, 심리적 스트레스, 과도한 음주와 흡연 등이 조루증을 일으키는 주요한 심리적 요인으로 알려져 있다.

권석만 〈이상심리학의 기초〉

35세 이영미 씨는 외국계 펀드 회사의 팀장으로 일하고 있다. 그녀가 날 찾아온 것은 어느 겨울이 끝나가기 전, 막 새순이 싹트던 시기였다.

"안녕하세요. 선생님. TV보다 실물이 훨씬 미인이시네요"

"어머, 영미씨도 너무 미인이십니다. 하하하!"

쾌활하고 지적인 이영미 씨는 직업이 이렇다 보니 현재 상해에 거주하고 있으며, 한국에는 한 달에 한 번꼴로 온다고 한다.

그녀는 유창한 중국어와 영어 실력, 미모를 겸비한 재원이었다.

"보통 한국에 오시면 얼마나 계세요?"

"한 일주일 정도 있으면서 한국사무소 일을 처리하죠. 그리고 대부분 상해에서 생활하구요."

"영광입니다. 자주 뵐 수 없는 분을 상담하고요. 하하."

"아이고, 무슨 말씀이세요. 제가 영광이죠. 평소 선생님의 강연 동영상, 라디오 방송 등 빠짐없이 들었습니다. 놓치지 않았어요. 제가 선생님의 광팬인데요. 너무 멋지세요. 한국에서 이런 직업은 특이할 뿐 아니라, 여자가 한다고 하면 어느 정도 편견이 있기 마련인데… 그런 것들 모두 극복하시면서 당당하게 하시는 거잖아요."

"뭐든 좋아하면 미치게 되어있죠. 저도 이 일을 좋아하다보니 타인의 반응 등에 너무 민감하지 않을 수 있어서 다행이죠 뭐."

이렇게 두 여자는 상담 전, 서로를 칭찬하기도 하고, 수다도 떨면서, 부드럽게 분위기를 이어가고 있었다.

"영미 씨는 무슨 고민이 있으신가요?"

"사실요… 남자친구가 있어요. 상해에서 만났고, 중국인이랍니다."

"그러시군요. 근데 저를 찾아오신 걸 보니 남자친구와의 성생활에 무슨 문제라도?"

"……이런 말 드리기 쑥스럽고, 해도 되는 지 모르겠지만……"

"영미 씨, 여긴 성심리상담소 입니다. 바로 그런 부분을 상담해 드리는 곳이죠. 편하게 이야기 하세요."

"네…… 사실 남자친구를 너무 사랑하는데요, 결혼하기로 하긴 했지만, 결혼은 좀….다시 생각해 보고 싶어요. 일도 연관되어 있고, 취미며, 인생 가치관이며, 대화며…… 모두 잘 통하는데요. 문제가 딱 하나, 바로 성에 있어서는 영 저랑 안 맞는 것 같아서요."

영미 씨의 남자친구인 미스터 찰리는 중국 상해 출신이며 상해에서 영미 씨와 함께 일을 하고 있는 동료이기도 하다. 사내 커플로 만난 둘은 비공개연애로 짜릿함을 맛보며 사랑을 키워왔다. 찰리는 타인에게 당당하게 공개하자고 했지만 영미 씨는 그냥 한국에서처럼 비밀연애를 하고 싶어서 찰리의 제안을 거부했다.

남녀가 사랑하는 데 있어서 권태에 빠지지 않을 수 있는 가장 큰 비결. 그것은 둘의 관계에 위험요소나 긴장요소가 있느냐 없느냐에 달려있다. 남들 다 아는 공개연애보다는 비공개연애가, 그냥 연애보다는 사내연애가, 부부보다는 불륜사이가 짜릿하다. 로미오와 줄리엣도 극심한 반대에 부딪치자 더욱 거세게 사랑하게 되어 목숨까지 바친다. 그런 긴장요소가 둘 사이에 없었다면 그 둘은 설렘 곡선이 하강하는 3개월~6개월 정도의 연애기간이 지나면 다른 여느 연인들처럼 평범함에 지루해 했을 수도…… 함께 죽을 이유는 더더욱 없었을 거다.

그러나 우리는 사랑을 할 때 눈이 먼다. 그 사람밖에 안 보이고, 모든 게 좋아 보이고, 그 사람 없이는 안 될 것만 같고. 이런 감정은 시간이 지나면 지날수록 또 다른 사랑의 형태인 친밀감으로 바뀐다. 설렘 곡선이 하강하는 시기에 둘 사이에 신뢰, 취미공유 등의 즐거운 요소가 있다면 친밀감 곡선이 상승하기에 애정전선에 큰 무리 없이 잘 지낼 수 있다. 그러나 대화도 안 통하고, 인생을 바라보는 관점도 다르다면 설렘 곡선이 하강하자마자 관계는 종료된다.

영미 씨와 찰리 사이에는 사랑에 필요한 요소가 이미 다 있었다. 6개월 정도 비밀연애를 했으니 둘 사이에는 긴장감도 있고, 친밀감도 생성되어있고, 설렘도 있는 그야말로 3박자가 골고루 갖춰진 최상의 커플인 것이다.

더군다나 찰리가 외국인이기에 결혼 시 거쳐야 할 부모님이나 친인척의 반대들…… 이런 것들은 오히려 둘 사이를 더욱더 돈독하게 만들어 줄 것이다. 찰리가 아직 부모님께 인사드리러 한국에 온 적은 없으니 그 부분은 패스하더라도, 다른 건 다 좋은데 속궁합이 안 맞다니. 이건 아주 중요한 문제이다. 결혼생활에 있어 속궁합은 70% 정도의 비율을 차지한다고 해도 과언이 아니다.

혹자는 남녀의 성기 크기가 맞아야 속궁합이 잘 맞는 거라고 하고, 혹자는 남녀가 서로 관계하고 싶어 하는 시기, 즉 아다리가 잘 맞는 게 궁합이 잘 맞는 거라고 한다. 또 혹자는 속궁합은 계속 자면서 자연스레 맞춰지는 거라고 한다. 섹스를 하면 할수록 어떤 걸 좋아하고 어떤 걸 안 좋아하는 지 서로 탐구가 되기 때문에 궁합이 맞춰진다고 이야기한다. 내가 보기엔 다 맞는 말이다.

그러나 영미 씨는…… 딱 미치기 일보 직전이었다.

워낙 자유분방하기도 하고 섹스를 즐기는 그녀의 애인은 그녀의 욕구를 잘 채워줄 수 있는 사람이 아니었다. 처음에는 다소 플라토닉한 러브처럼 관계를 안 해도 좋았다. 그저 생각만 해도 설레었고, 그의 모든 게 좋았다.

관계를 맺은 건 불과 한 달 전이었다. 자유분방한 영미씨는 그 전에도 와인 한 잔하고 분위기가 무르익어오면 이토록 사랑하는 사람 찰리와 섹스를 하고 싶었다.

"Would you like to with me tonight? Why don't you one more wine just stay with my house……." (오늘 밤 나랑 같이 있지 않을래? 우리 집에서 와인도 한 잔 더 하고 말야.)

그러나 찰리는 그 때마다 괜찮다고, 너무 늦었다고 하였다.

6개월 정도 지속되는 연애기간 동안 영미 씨는 '중국인은 좀 생각이 보수적인가 보다.'라고만 믿으려 했다.

그리고 여자의 자존심 상, 잠자리를 피하려는 듯한 그에게 계속 일방적으로 그런 끈적끈적한 멘트를 할 수는 없었다.

그러던 어느 날, 지금으로부터 약 한 달 전 영미 씨의 생일이 되었다. 너무나 로맨틱하고 부드러운 상하이 남자 찰리는 그녀의 기대처럼 로맨틱한 크루즈 디너, 로맨틱한 쥬얼리 선물 그리고 마지막 로맨틱한 한마디가 영미 씨의 귓가에 맴돌았다.

"Would you like to be my wife, Young-mi?" (영미야, 나랑 결혼해 줄래?)

그녀는 그가 상하이의 야경이 한 눈에 보이는 크루즈 디너를 먹으면서 꽃다발과 함께, 쥬얼리를 목에 걸어주며 청혼을 하는 그 한마디가 그리도 달콤할 수 없었다.

마치 꿈을 꾸고 있는 듯 영미 씨의 영혼은 공중부양을 하고 있었다.

"Sure, Charli." (물론이에요, 찰리)

청혼에 대한 답을 하고 그 둘은 진하고도 오랜 키스를 나누었다.

세상을 다 가진 것 같은 행복감에 그녀는 전율했다.

그리고 그 날은 찰리가 늘 그렇듯 영미 씨를 집에 바래다주면서 함께 있고 싶다고 했고, 영미 씨는 '이럴 줄 알았으면 청소를 좀 해둘 걸'라는 작은 걱정을 하며 그를 집으로 들였다.

그가 먼저 샤워를 했다.

마침 큰 타올을 빨아놓은 게 없어 그에게 작은 타올을 건네다가 그녀는 그의 그 곳을 보고 말았다. 그러나 빳빳하게 발기된 상태인 그의 그곳은 너무나 초라했다. 지금까지 그래도 꽤 연애를 해 본 영미 씨가 본 바로는 지상 최소의 크기였다.

'찰리는 몸만 자라고 저기는 안 자랐나보네. 아기들도 저거보단 클 텐데…….'

그와의 섹스가 상상이 되었다. 아마 아무 느낌이 안 들 것 같았다. 실망한 영미 씨는 오만가지 생각을 하며 샤워를 마치고 나왔다.

찰리가 달려들었다. 애무랍시고 영미 씨의 몸을 거칠게 더듬으며 온 몸에 침 범벅을 했다. 침에서는 침 냄새가 심하게 났다. 영미 씨는 흥분이 점차 차갑게 가라앉는 기분을 느꼈다.

그렇게 기다리던 이 시간이었는데… 열정이 살아나야 할 시기에 냉정이 고개를 들다니. 일단 어떻게 하나 보자고 마음먹고 그에게 몸을 맡겼다.

삽입을 했는지 안 했는지도 모르게 그가 들어왔다. 그래도 한 번 느껴보려고 영미 씨는 노력했다. 나름 신음소리도 연출해보려고 하고 좋은 척도 해보려는 찰나에 찰리가 그녀의 몸 위에서 아주 힘든 듯 커다란 콧물 한 방울을 뚝 떨어뜨리더니 이내 그녀의 몸 위로 푹 꼬꾸라졌다.

'응? 지금 뭐가 지나간 거지?'

그녀는 어리둥절했다.

"Sorry, Young-mi……."

찰리도 미안한지 머리를 긁적이며 이야기했다.

언제 올라갔는지도 모르게 어디 가서 없고, 또 언제 올라갔는지 모르게 어디 가서 보이지 않는 찰리. 처음이라 일찍 사정할 수도 있겠다 싶었는데, 그리고 본인이 미안하다고 했기에 실수인 줄 알았다.

그러나 그 다음에도, 다음에도, 찰리는 한결같았다.

영미 씨는 내 앞에서 한숨을 푹 쉬었다.

"선생님, 찰리를 너무 사랑하는데요…… 이렇게 못 느끼면서 평생을 산다고 생각하니 끔찍해요. 그의 청혼을 반납해야 할지 고민까지 되네요. 어떡하죠? 그렇다고 수술을 해 보는 건 어때? 라고 이야기하면 찰리의 자존심이 무척 상할 것 같고…… 본인 나름대로 성적인 부분에 자신이 없어서 그동안 저와의 잠자리를 피했었나 봐요. 그렇다면 본인도 알고 있다는 이야기인데…… 어떻게 방법이 없을까요?"

"영미 씨는 찰리의 크기가 제일 걱정인가요, 아니면 조루증이 걱정인가요?"

"크기는 뭐…… 타고 태어난 거니 어쩔 수 없다 쳐도, 사정이 너무 빠른 게 문제죠."

"흠…… 알았어요. 원래 찰리와 함께 오는 게 좋지만, 그러지 못하는 상황이니 영미 씨가 대신 찰리에게 내가 추천하는 방법들을 알려 주어요. 그럴 수 있죠?"

"네, 그럼요, 뭐든 알려주세요. 저 정말 찰리랑 결혼하고 싶어요. 이렇게 로맨틱한 남자 처음이거든요."

나는 영미 씨와 찰리 커플을 위한 프로그램을 마련하기 시작했다. 조루치료에는 파트너의 협조가 정말 중요하다. 다행히 영미 씨가 치료에 적극 동참할 것을 약속했기에 이제는 영미씨가 내가 일러주는 방법대로 찰리와 훈련을 하면 된다.

보통 조루치료는 스탑 투 스타트(시먼스 박사)와 스퀴즈법(마스터 앤 존슨)이 조루치료에 널리 쓰인다.

보통 내원해 심리치료와 함께 병행되면 15회 이후 정도에는 스스로 조절능력이 생긴다. 파트너의 협조가 중요하다는 것은 아무리 강조해도 지나치지 않다.

그러나 혼자 사는 사람도 자가 훈련이 가능하며 주1회씩 3~4개월 정도 두 가지 방법 중 하나를 쓰거나(스탑 투 스타트, 스퀴즈법) 두 가지 방법을 적절히 섞어서 쓴다면 자기 조절 능력이 생긴다.

물리적 치료

- 스탑 투 스타트법(Stop to Start): 손이나 파트너의 질로 연습한다. 피스톤 운동을 손이나 파트너의 질로 하다가 50-70퍼 정도 흥분했을 때 일단 멈춘다. 그런 후 5~25초 사이 발기가 다 풀리지 않았을 때 다시 이 방법을 시작한다. 처음에 시작할 때는 손부터 시작하는 게 좋다. 따라서 영미 씨가 먼저 손으로 스탑 투 스타트 법을 해주다가 어느 정도 훈련이 되면 그 때는 영미 씨의 질로 연습을 하면 된다.

- 스퀴즈법(Squeeze): 사정감이 올 때 마다 약지로 귀두의 가운데, 중지로 포피, 엄지로 귀두 밑 주름을 꾹 누르면 된다.

성교를 하다가 사정감이 오는 느낌을 찰리가 재빨리 이야기 해주어야 한다는 점이 다소 부담스러울 수도 있지만 이렇게 여러 번 연습하면 사정 조절 능력이 생긴다.

나는 영미 씨에게 상해로 돌아간 뒤 인내심을 갖고 스탑 투 스타트 법을 꾸준히 할 것을 권유했다. 그리고 체크리스트를 영미 씨에게 건네주었다.

"자, 여기다가 찰리의 사정할 때까지의 시간변화를 체크하시는 겁니다."

"네, 선생님, 저 꼭 잘할 거예요. 찰리를 돕고 싶어요. 그게 바로 제 인생을 위한 길이기도 하니까요."

"좋아요. 그런 마음가짐. 그럼 한 달 후에 한국에 오면 뵙죠. 그동안 제가 내 준 숙제 열심히 해 주세요."

"네."

영미 씨는 생글생글 웃으며 그렇게 상해로 돌아갔다.

나는 그녀가 숙제를 잘하고 있는지, 찰리는 상태가 나아졌는지 매우 궁금해서 중간 체크를 하고 싶었으나 그녀와 연락이 닿지 않았다.

그러고 나서 그녀는 한동안 나타나지 않았다.

나 역시 바쁜 일정 속에 그 커플이 뇌리에서 잊혀지고 있을 즈음인, 3개월 후 여름으로 계절이 막 바뀌려던 때에 영미 씨가 다시 나타났다.

"선생님, 너무 못 찾아뵀네요. 그동안 상해 일이 바빠서 한국에 못 왔었답니다. 잘 계셨죠?"

"아, 물론 저는 잘 있었죠. 영미 씨는요? 그렇지 않아도 숙제는 잘 하고 계신지, 찰리는 변화가 있는지 등 궁금해서 카톡도 남기고 했는데 연락이 닿지 않아서 걱정했지 뭡니까. 하하하."

"아, 네…… 너무 죄송해요. 정신없이 바빴거든요. 그렇지만 찰리와 숙제는 열심히 하고 선생님이 체크하라는 부분도 여기 이렇게 성실히 체크해왔어요."

영미 씨는 체크리스트 3개월치를 나에게 내밀었다,

둘은 2~3일에 한 번씩 꾸준히 관계를 하고 있었고, 체크리스트 상에는 찰리의 성교지속시간이 꾸준한 증가추세를 명백히 보이고 있었다. 그야말로 꾸준히 상승해서 현재는 평균지속시간을 웃도는 정도로까지 성장했던 것이다.

역시… 영미씨가 상해로 간 지 3개월이니 대충 15주 정도 트레이닝을 한 것이다. 나는 스퀴즈법이나 스탑 투 스타트법을 발명한 두 학자에게 내심 박수를 보냈다.

"지금 영미 씨가 준 체크리스트 상의 찰리는 매우 발전된 양상을 보이는군요. 정말 이렇게 좋아진 건가요?"

"네……."

영미 씨는 부끄러운 듯한 미소를 지으며 이야기했다.

"선생님, 우리 찰리 너무 좋아졌어요. 그리고 여자는 크기가 꼭 중요한 것 같지는 않네요. 그래도 찰리가 발기는 딱딱하게 되는 편이라…… 지속시간이 늘어나니 이제는 너무 만족스러운 거 있죠."

"아, 네, 맞습니다. 여자의 G-SPOT은 질입구 왼쪽 상단 3cm정도에 위치하는 게 보통이라 그 부분과 음핵만 자극된다면 멀티오르가즘도 가능하죠. 따라서 남자의 성기 크기는 5cm정도만 되어도 성교도 가능하고 기쁨을 느끼는 것도 가능합니다. 그리고 성교섹스가 아니더라도 다른 형태의 섹스도 많이 존재하죠. 예를 들면 75%의 여성은 음핵자극만으로도 오르가즘에 오르니까요. 남자들이 이 이야기를 들으면 꽤 섭섭하겠죠? 하하하."

우리는 그동안 못다 한 이야기꽃을 피우며 그렇게 화기애애하게 상담을 하고 있었다. 영미씨와 나는 참 죽이 잘 맞는다 싶을 정도로 에너지의 기운도, 대화도, 성격도 잘 통하는 언니 동생 같은 상담사와 내담자였다.

그렇게 한참 이야기하다가 영미 씨가 갑자기 이야기했다.

"언니…… 아니, 죄송합니다. 선생님."

"하하하. 편하게 부르셔도 돼요. 저도 영미 씨가 친동생 같아 좋네요. 다른 거 뭐 물어보실 게 있으신가요?"

"사실 찰리가요…… 약간 변태성욕이 있는 것 같아요."

"네? 그건 또 무슨 이야기인가요?"

찰리가 변태성욕이 있다니, 산 넘어 산이란 말인가?

얘기인 즉슨, 영미 씨와 찰리가 술을 아주 많이 마신 어느 날, 섹스를 하는데 영미 씨에게 이상한 느낌이 들었다고 한다. 그 느낌은 바로…… 찰리의 성기가 영미 씨 항문에 삽입이 되어있던 것.

정신이 번쩍 든 영미 씨가 찰리에게 뭐하는 거냐고 따져 물었지만, 찰리는 멈추지 않았다. 거기다 그 때의 표정은 평소의 찰리가 아니었다. 너무나 무서운 얼굴을 하고 항문섹스에 열중하는 찰리.

영미 씨가 화가 난 이유는 두 가지이다.

첫째, 항문섹스를 동의 없이 진행했다.

둘째, 멈추라고 했을 때 멈추지 않았다.

그러나 더 기가 막힌 건 영미 씨 본인도 느낌이 나쁘지 않았다는 것이다. 그래서 너무 혼란스럽다고 한다. 금기시하던 항문섹스를 본인이 하다니…….

그것도 동의없이 이루어진 항문섹스를 머리로는 강하게 거부하고 있었으나 육체는 막상 상관없이 쾌감의 세계로 빠져들고 있었다는 것이 믿어지지 않는다고 했다.

"앞으로 또 찰리가 요구한다면 어떻게 할 것인가요? 그리고 술이 깬 후 찰리에게 싫다고 확실히 이야기하신 건지요."

"아뇨…… 사실 이야기 안했어요. 저도 좋았거든요. 그렇게 거친 찰리의 모습은 처음 봐요. 솔직히 야성적이고 섹시하기까지 했어요. 그 동안 작은 그곳을 가진 찰리를 남자답게 보지 않고 있었던 것 같아요, 그냥 다정함에 끌렸었는데 항문섹스할 때의 찰리 표정을 잊을 수가 없어요. 사실 속으로 그의 카리스마에 마구 떨렸었답니다. 선생님…… 근데 어떡해요. 이대로 해도 좋은 건지 판단이 안 서요, 솔직히."

"흠…… 항문섹스를 권장하진 않아요. 자주하다가는 변실금(변이 자신도 모르게 찔끔 새는 현상)이 될 수도 있고, 항문괄약근은 질근육과 다르게 한 번 늘어나면 더 이상 회복이 어렵답니다. 질 근육은 회음부 수술이라도 있어서 좁게 복원이 가능하지만 아직까지 항문은 그런 것이 불가능하다고나 할까요. 그러니 만약 영미씨도 좋으면 사랑하는 사람과의 관계이니 굳이 거부할 것은 없지만, 다만 조심해 주세요. 첫째, 콘돔을 끼고 위생적으로 하세요. 아, 그 전에 관장을 해서 대장을 비워놓는 것이 좋습니다. 둘째, 간격은 한 달에 한 번 정도로만 해주세요. 너무 자주하면 제가 앞서 이야기 한 것과 같은 현상이 우려됩니다. 아셨죠? 이 부분은 결혼할 상대인 찰리와 잘 협의를 하셔서 마무리 짓는 게 좋으실 것 같습니다."

"네… 알겠어요. 명심할게요."

그렇게 영미 씨는 또 상해로 날아갔다.

가끔 그녀가 떠올라 옅은 미소를 짓게 된다. 나만큼 쾌활하고 웃음소리도 쾌통하며 늘 긍정적이었던 그녀.

그 후로 찰리와 잘 살고 있다는 카톡을 받았다. 결혼을 했다면서 결혼식 장소가 상해라 너무 멀어 초대 못한 점 죄송하다고 하며, 안부를 묻는 카톡이었다. 본인은 찰리와 꿈같은 나날을 보내고 즐거운 성생활도 유지하고 있다면서 다시 한 번 고맙다는 인사를 잊지 않았다.

나도 유쾌한 그녀와의 상담을 잊지 못할 것이라고 답변했고, 그 뒤로 그녀는 상해에서 눌러 살게 되었는지 다시는 만날 수 없었다.

이 사례에 등장하는 영미씨의 애인 찰리는 조루증을 앓고 있었다.

그러나 내가 추천해 준 스퀴즈 법, 스탑 투 스타트 법으로 영미 씨와 꾸준히 연습한 결과, 정상의 사정조절능력을 갖게 되었다.

이 사례를 접하면서 사랑앞엔 국경도 없고, 장애도 없다.

관계는 배려라는 것을 다시금 깨달았다.

상대에 대한 따뜻한 관심과 배려…….

이것이 우리들의 관계뿐만 아니라 전체적인 삶의 질까지 윤택하게 만들지 않나 싶다.

- 관계를 들여다보면 당신이 보인다. by MOON

"지루하다 지루해"

* 지루증

지루증(Delayed Ejaculation)은 사정에 어려움을 겪으며 성적 절정감을 느끼지 못하는 경우를 뜻하며 남성 절정감 장애(Male Orgasmic Disorder)라고 불리기도 한다. DSM-5에 따르면, 성행위시에 사정이 현저하게 지연되거나 사정을 하지 못하는 일이 대부분(75~100%)의 성행위 시에 반복적으로 6개월 이상 나타날 경우에 지루증으로 진단된다.

권석만 〈이상심리학의 기초〉

"안녕하세요, 선생님."

탄탄한 허벅지를 가진 그를 커다란 스크린이 아닌, 실제로 맞닥뜨리고 말았다.

한 눈에 보기에도 그의 튼실한 허벅지는 여자들로 하여금 성적인 공상을 마구 불러일으키기 충분할 정도로 멋져보였다. 그를 넋 놓고 지켜보던 나의 표정이 들킨 듯하였다. 그는 '당신도 어쩔 수 없군요.' 같은 류의 가벼운 조소를 머금더니, 내게 말한다.

"선생님, 예약은 안 했는데 오늘은 경기가 없는 날이라서 불쑥 찾아와 죄송합니다. 지금 상담 가능할까요?"

"네네, 그러시죠."

그 앞에서 표정관리 제대로 안 된 나를 속으로 꾸짖으며 그가 앉으려하는 소파의 대각선에 앉았다.

"선생님, 제가 누구인지는 아시죠?"

"네, 국가대표 축구 미드필더 송강희 선수시잖아요. 이거 정말 영광입니다."

나는 그에게 손을 내밀어 악수를 청했다. 그는 방긋 미소짓더니 내 손을 뿌리치지 않고 잡아주었다.

송강희 선수는 올해 나이 29세로, 축구선수 사이에서도 곧고 튼실한 꿀벅지로 유명하며 매의 눈과 같은 빠른 판단력과 직관력으로 대한민국 국가대표팀을 선도하는 수비형 미드필더이다. 그의 포지션은 경기를 읽는 시야가 넓고 정확한 패스 등 경기를 지배하는 능력이 요구되는 포지션이다. 2014 FIFA 브라질 월드컵, 2010 FIFA 남아공 월드컵에서도 그는 대한민국 철벽수비의 명성을 잘 지켜내었다. 덕분에 큰 실점 없이 2010년에는 세계 15위, 2014년에는 세계27위의 FIFA랭킹을 기록하였던 것에는 그의 공헌도 크다.

그러나 이렇게 잘 나가는 국가대표 선수가 여긴 왜 왔을까.

내담자가 공인이든 아니든 우리 상담소에서는 철통보안, 철통비밀이 최우선이다. 우선 상담비밀유지 계약서와 상담계약서를 그와 함께 작성하고 서로 간인, 날인하고 한 부씩 보관하였다.

그리고 나서야 그의 이야기를 들어보았다.

"사실은…… 제가 지루증이 있습니다. 여자친구가 있어도 저의 지루증 때문인지 여자 쪽에서 늘 힘들어했던 것 같습니다. 지루증이 심해진 건 최근 2년 전인데요. 아무리 여자랑 관계를 해도 사정이 안 됩니다. 별 짓을 다 해봐도 마찬가지예요. 도와주세요. 관계가 즐겁지가 않고 고통스러울 뿐입니다. 선수들은 보통 일찍 결혼하는 편이라, 저도 이제 결혼도 해야 하고 아이도 낳아야 하는데…… 이 상태로는 여자랑 사정이 안 되니 결혼하는 것도 두렵고요. 여자를 만나는 것도 두려워요.”

자세히 들어보니 그의 지루증은 생각보다 매우 심각했다. 앞 날이 창창한 축구선수가 이런 고민을 하고 있었다니…… 송강희 선수외에도 이렇게 지루증으로 고민하는 이들은 생각보다 꽤 많다. 그러나 비뇨기과 가면 별다른 방법이 없다는 대답만 듣고 온다고 했다.

그리고 항간에서는 본인이 지루증인 줄 모르고 정력이 세다고만 여기는 ‘잠재적 불인식형 지루증’인 사람들까지 합산한다면 이 세상에 지루증으로 알게 모르게 고통받고 있는 남성, 여성은 정말 천문학적인 숫자일 것이다.

지루증은 국가적으로도 우리와 같은 저출산국에서는 큰 손실이다. 예를 들어 젊은 신혼부부가 결혼을 했는데 남자가 지루증으로 도무지 사정을 못하여 임신이 안 된다고 보자. 치료 제도를 활성화시키지 않고 이런 분들을 방치해둔다면 대한민국의 인구는 더욱더 감소하며, 결국 세계적인 저출산국의 랭킹을 기록하게 될지도 모른다.

지루증을 앓고 있는 사람은 성행위가 괴롭다. 고통스럽다. 상대 여자도 마찬가지이다. 너무 시간이 길어지면 고통스럽고 지루하긴 마찬가지이다. 그리고 ‘내가 매력이 없나’ 라며 스스로에게 문제가 있는 것으로 자책하기도 한다.

송강희 선수는 2년 전부터 어느 여자든 상관없이 관계를 갖게 되면 사정이 안 나온다고 했다. 그러나 자위를 하면 이야기가 달라진단다. 자위로는 금방 사정한다고 한다. 그러면서 왜 자위를 하면 금방 사정이 되는 데 여자와 관계만 하면 그러는지 궁금하다고 했다.

그의 성적 취향, 성적 테크닉, 스킬 등 모든 부분에 검사가 필요했다. 나는 그에게 지루증의 내담자에게 주어지는 검사지를 내밀었다.

해당 부분에 체크한 것을 보니, 감이 오는 원인이 있었다.

일단 그에게 물었다.

"송강희 선수, 2년 전 최초 증상이 있었을 때를 회상해 봅시다."

그러나 그는 도무지 무슨 원인으로 지루증이 생겨났는지 모르겠고, 어떠한 계기도 없었다고 한다.

동의 후에 그에게 최면을 걸었다.

"자, 이제 당신은 제가 숫자 열을 세면 2년 전 최초증상이 있던 그때로 돌아가게 됩니다. 하나… 둘… 셋… 넷…… 열. 자, 이제 뭐가 보이나요?"

"그녀가 보입니다. 저의 여자친구 미선이가요."

"좋습니다. 지금 강희 씨는 미선 씨와 함께 있나요?"

"네… 우리는 사랑을 나누고 있어요. 미선이 집 소파에서요."

그의 소중한 그 곳이 발기되어 바지 앞섶이 빵빵하게 부풀어 오르기 시작했다.

"그렇군요. 미선 씨는 섹스에 열중하고 있나요? 어떤 표정인가요?"

"별로 안 좋아하는 표정이네요. 반응도 없고…… 게다가 허무한 듯 천장만 쳐다보고 있어요."

"체위는 어떤 체위로 사랑을 나누고 있나요?"

"정상위요… 제가 위로 올라갔어요."

잠시 후, 감은 그의 눈 동공이 마구 흔들리기 시작했다. 그는 괴로운 듯 낮게 탄식을 뱉어내며 울상이 되었다.

"왜 그러세요? 혹시 미선 씨가 뭐라고 하나요?"

"미선이가… 미선이가 저한테 막 화를 내고 있어요."

그는 금방이라도 울음을 터뜨릴 것만 같은 떨리는 목소리로 이야기했다.

알고 보니 최면 속 그녀 미선 씨는 송강희 선수의 전 여자친구로, 3년 전 교제를 하였었고, 2년 전 강희씨와 교제한 지 막 1년여쯤 되었을 때, 시합을 마치고 돌아온 그와 그녀는 섹스를 했다. 조절능력을 잃은 그가 그만 그녀의 질 안에 사정을 하고 말았다.

평소의 그는 항상 사정조절을 잘하는 편이어서, 그 둘은 원치 않는 임신을 고민해 본 적이 없었던 터인데, 그 날은 미선 씨가 배란기였는데도 불구하고 강희 씨가 예고없이 질내사정을 해 버렸다. 그래서 미선씨는 임신을 걱정하여 최면 속 강희 씨에게 마구 화를 내었던 것이다.

걱정했던 대로 그녀는 임신을 하였고, 수술비용을 그에게 청구한 후 그렇게 그의 곁을 떠나버렸다.

여기까지 듣고 나는 그를 최면에서 깨웠다.

난 이 사건이 지루증의 원인이 된 것을 모르고 있는 그가 이해하기 어려웠다.

"강희 씨의 심리적 원인이 그 사건 이후로 지루증을 만든 것입니다. 사정을 하고 상대가 임신하게 되면 상대가 또 강희 씨 곁을 떠날까 봐요. 그렇다고 생각되지 않나요?"

"네…… 그 사건이 원인이 된 건 맞는 것 같네요. 근데 처음 보는 여자와 원나잇 스탠드를 하더라도 지루증을 겪었어요. 어떤 여자든 똑같았죠. 그건 도대체 왜 그런 건가요? 하룻밤 상대인 직업여성은 콘돔을 끼고 해서 임신할 염려가 없잖아요."

"그건 강희 씨의 심리적 억압이 강희 씨의 내면에 말을 하고 있던 거예요. '사정하지 마, 절대 사정하지 마' 라고요. 우리의 의식의 세계에는 무의식도 공존한답니다. 무의식이란 강희 씨 스스로 감지할 수 없는 의식을 넘어선 초의식의 세계이죠. 따라서 콘돔을 끼어서 임신에서 안전한 상태였다 하더라도 강희 씨의 무의식이 사정을 하지 못하게끔 육체를 컨트롤하고 있었던 거랍니다. 그리고 콘돔을 끼면 감각적으로도 무디어져서 사정이 더 늦어지는 원인도 있었을 테구요."

"아하, 그랬었군요."

송강희 선수는 이제야 이해가 간다는 얼굴로 고개를 끄덕거렸다.

"선생님, 원인은 이제 알았으니까 꼭 지루증을 고치고 싶어요. 사랑하는 여자친구가 생겼거든요. 어떻게 하면 될까요? 그녀와 결혼해서 꼭 예쁜 아기를 갖고 싶어요."

"강희씨 현재 사랑하는 사람과 관계해도 마찬가지라고 했죠? 사정 못하는 거요."

"네… 그래서 여자친구가 너무 힘들어해요. 한 번은 울면서 본인이 매력이 없냐고 묻더라구요. 왜 사정을 못하냐고…… 그게 아닌데, 저도 괴롭습니다."

"흠…… 알겠어요. 저랑 함께 강희 씨 지루증을 꼭 고쳐보도록 해요. 꼭 나을 수 있다는 믿음 갖고요."

"네, 선생님 감사합니다."

송강희 선수의 숙제는 이제 나의 테라피에 잘 따라오는 것이다.

그가 바쁜 일정을 쪼개어 테라피에 적극적으로 참여하게 되기를, 그래서 꼭 사랑하는 사람과 결혼하고 예쁜 아기도 낳게 되기를…… 정말 간절히 기원하면서 다음 회기의 예약을 잡았다.

다음 회기가 되었을 때 그에게 총 9회기의 프로그램 편성표를 내밀었다. 그러면서 관계할 때 어떻게 해야 하는지 알려주기 시작했다.

그는 예전 여자친구의 임신 후 결별통보로 인해 지루증이 된 것이다.

그렇다면 일단 그녀가 임신하지 않을 거라는 심리적 안정부터 주는 게 중요했다.

"두 분은 피임은 어떻게 하시나요?"

"사실 콘돔을 하면 느낌이 더 없어져서 콘돔사용은 피하게 되는 것 같아요. 예전부터 그래왔듯이 질외사정을 합니다."

"질외사정도 배란기나 가임기에는 위험할 수 있습니다. 어떤 분은 쿠퍼액만으로도 임신하기도 한답니다. 그러니 안전한 피임방식인 콘돔사용을 권장드리는데요. 콘돔도 요즘엔 초박형이라고 해서 아주 얇은 콘돔들이 시중에 나와 있어요. 실제 질 내부느낌을 섬세하게 느낄 수 있는 제품들이죠. 두 분 관계하실 때 안정기, 배란기, 가임기 체크해 두셨다가 가임기나 배란기에는 이 초박형 콘돔을 사용해 보실 것을 권장드려요."

"아…… 네. 한 번 사용해 보겠습니다."

나는 그에게 선물로 초박형 콘돔을 건네주었다.

송강희 선수가 씨익 하며 특유의 매력적인 미소를 짓는다.

"그리고 섹스체위는 정상위를 선호하신다 했으니 그렇게 하시면 되고요. 자위는 얼마마다 한 번 씩 하세요? 자위할 때마다는 사정하신다 했죠?"

"자위는 일주일에 한 번 해요, 여자친구와의 관계도 일주일에 한 번이요, 먼저 여친과 만나서 관계하다가 사정하지 못한 걸 다음날 혼자 자위로 푸는 방식이죠. 그리고 자위할 때는 손에 로션을 발라서 미끌거리는 감촉을 느끼면서 하는데요…… 제 방법이 잘못된 건가요? 그렇게 하면 금방 사정을 하는데, 왜 여자랑 하면 안 되는지 정말 답답합니다."

"말씀드렸죠, 자위한다고 누가 임신하나요? 아니죠, 그러니까 자위하면 그런 심리적 부담감이 해소되니 사정을 하시는 것입니다. 거기다가 본인이 느끼는 방향대로 조절하면서 할 수 있으니… 그게 또 자위의 묘미이기도 하죠. 따라서 강희 씨 자위법이 잘못되었다고 말씀드리긴 어려워요. 이제부터 숙제를 드립니다. 여자친구와 섹스하고 사정을 못했다 하더라도 그 다음날 자위는 하지마세요. 한 달간 자위 안하는 게 숙제입니다. 아셨죠?"

"네. 어차피 이번 달에 해외 전지훈련 가서 한 달 있다 옵니다."

"마침 잘 되었어요. 그럼 해외에 가서 아무리 외롭더라도 절대 자위는 하지 말아보세요. 그리고 훈련이 끝난 한 달 만에 사랑하는 여자친구 혜주 씨를 만나는 거예요. 어때요?"

"네, 알겠습니다. 선생님이 말씀하신 부분 꼭 지키도록 하죠."

그리고 나서 나는 그에게, 한 달 전지훈련 후 돌아와서 혜주 씨에게 어떻게 해야 할지에 대한 팁을 몇 가지 주었다. 그는 심리적 원인으로 인한 지루이기 때문에 첫째, 관계시 초박형 콘돔 사용하기, 둘째, 좋아하는 체위로 하기, 셋째, 관계할 때 연상법 사용하기, 넷째, 관계할 때 역할극 해보기, 다섯째 서로 마주보며 자위하다가 사정감이 70% 정도 오르면 관계해서 질 안에 사정해 보기 등 모두 다섯 가지의 솔루션을 추천해 주었다.

'따르르르릉'

한 달 후 걸려온 다급한 목소리의 송강희 선수의 전화.

"선생님. 전지훈련 잘 다녀왔습니다. 근데 선생님이 추천해 주신 방법 어제 여자친구랑 다 써봤는데요. 이렇게 해도 안 되고 저렇게 해도 사정이 안 돼요. 저 어떡하죠? 진짜 이러다가 임신도 못하고 여자친구도 절 멀리할 듯해요.”

“아, 잘 다녀오셨다니 다행입니다. 어제 제가 추천해준 다섯 가지를 정확히 써보셨는데 사정을 못했다 말씀이신 거죠?”

“네…… 지금 가면 상담 바로 가능할까요?”

“그럼 두 시간 후에 오시겠어요? 제가 바로 예약이 잡혀 있어서요.”

“네…….”

전화를 끊는 그의 목소리 끝에 힘이 없다. 나도 적지 않게 당황했다. 지루증이 얼마나 심하면 다섯 가지 방법을, 자위를 안 하다가 한 달 만에 여자친구와 관계했는데도 통하지 않았을까. 그의 고통이 느껴졌다. 사정하고 싶은데 사정하지 못하는 그 마음. 아이를 갖고 싶은데 아이를 갖게끔 할 수 있는 가장 기본적인 통로가 막힌 거라면. 그의 상실감이 얼마나 클까…….

두 시간 후에 마침내 그가 왔다. 약간 그을린 얼굴이 작렬하는 햇빛 속 해외 전지훈련의 결과를 증명해주는 듯했다.

“선생님, 저 어떡하죠? 저 이제 끝난 건가요? 사정을 못하는 건가요? 결혼도 힘들까요?”

격앙된 그의 목소리. 성격이 참 급하다.

“아직 단정하긴 일러요. 치료의 단 일부분만 시행한 거니 미리 좌절하실 건 없습니다. 중요한 건 앞으로의 상담과정입니다. 저에게 모든 것을 오픈하실 수 있죠?”

“네, 계약서에 쓴 대로 진실만을 말해서 치료가 빨리 이루어질 수 있도록 협조해야겠죠.”

“좋아요. 그런 태도. 자 그럼 이제부터 본격적인 심리치료에 들어갈 때가 된 것 같네요.”

첫째, 물리적인 치료법을 다섯 가지나 사용해 봤는데도 불구, 사정을 못했다는 건 심리내면을 꺼내서 우선 치료해보고 다시 경과를 봐야한다.

그의 지루증은 심리적 원인이기 때문에 이제부터 심리치료와 안정감을 줄 때이다. 난 예전 여자친구가 임신했던 사건 때문에 그가 지루가 되었던 것을 그는 왜 한 번도 아무런 계기가 없었다고 했는지 곰곰이 생각해보았다. 그러고 나서 그는 최면으로 원인이 밝혀지자 그제서야 '아, 그랬었군요.'라고 수긍했는데, 그것은 상담사에게조차도 원인이 꺼내어지는 게 매우 두려웠던 심리를 나타낸다. 이렇게 자기오픈이 힘든 유형의 이들은 심리치료도 타인보다 다소 오래 걸릴 수가 있다.

"제가 알려드린 다섯 가지 방법 중 그나마 효과가 제일 있었던 건 뭔가요?"

"맨 마지막 방법으로 말씀하셨던 서로 얼굴 쳐다보며 자위하다가 사정감이 올 때 삽입하는 방법이요, 그 때는 거의 사정을 할 뻔 했었어요, 근데 90% 정도만 오르고 그 이상이 안 되어서 여자친구의 질 내에서 또 오랜 시간을 보내고야 말았죠. 여자친구는 그런 저를 보고 '자기야, 이제 그만 내려와, 나 힘들어.'라고 가망없다는 듯 이야기했고 그 날 우린 어색하게 헤어졌답니다. 그리고는 혜주에게서 연락이 없는 거 보니…… 그녀가 혹시 결혼을 다시 생각하고 있는 건 아닌지요. 아이를 좋아하거든요. 유치원 선생님이 직업이라 더욱 그렇죠."

"그럼 혜주 씨와 헤어지고 집에 와서 자위를 해서 해소를 하셨나요?"

"아니요…… 너무 기분이 우울해서 그럴 생각도 안 나더라구요."

"네, 그럼 오늘부터 당분간 해외 전지훈련이 없으시다면 저와 함께 집중코스 하셔야 되겠어요. 마음의 준비는 되셨는지요?"

"아, 네. 물론입니다. 누구보다도 고통스럽기도 하고…… 얼른 치료가 되어서 혜주와 즐거운 성생활 하고 싶어요."

그의 의지를 확인하고서 나는 극약처방에 들어갔다. 그는 아직 혜주 씨의 임신에 대해 불안한 것이다.

"혹시 정관수술을 할 생각이 있으세요?"

아직 내재된 임신불안이 송강희 선수의 트라우마를 붙잡은 채 놓지 않고 있었고 사정을 하지 못하게 하는 것 같았다.

"꼭 해야 하는 것인가요?"

"정관수술은 아이를 낳고 싶으면 언제든지 복구 가능합니다. 초박형 콘돔도 느낌이 별로 안 온 거라면, 정관수술을 해서 임신 불안감을 우선 해소하는 게 최우선입니다."

"네, 어차피 혜주와 곧 결혼할 거니까 선생님이 시키는 대로 하죠. 그런 다음 다시 시도해 보겠습니다."

얼마 후 정관수술을 했다며 그에게 소식을 받았고, 그 다음에 더 기쁜 소식을 들었다.

"선생님, 수술한 부분 가라앉고 나서 혜주랑 관계를 했거든요. 근데, 근데 말이죠. 사정을 했어요. 드디어요! 너무 기쁩니다."

"그래요? 정말 잘 되었어요. 대략 몇 분 만에 사정을 하셨나요?"

"정상위로 했는데, 10분~20분 정도 걸린 것 같네요."

"아, 아주 잘 되었어요. 그래도 아직 방심하기 이르니까 좀 더 경과를 지켜보고 다시 상담하죠."

"네! 선생님! 감사합니다."

그 후로 그에게선 연락이 없었다. 아무래도 지루증이 고쳐진 모양이다. 다시 문제가 생겼더라면 분명히 찾아오거나 연락을 했을 것이다. 인턴사원을 시켜서 그에게 근황을 묻도록 했다.

인턴사원 이야기로는 요즘 해외전지훈련 때문에 한국에 없기도 하고 정관수술 한 후 사정이 잘 되어 지금까지 아무런 문제가 없다고, 한국으로 돌아가면 꼭 먼저 찾아뵙고 감사하다는 말씀을 드리겠다고 했다 한다.

송강희 선수의 사례는 심리적 원인이 임신에 대한 트라우마, 그리고 떠날지도 모른다는 애인에 대한 집착불안 심리 등이 복합되어 있었는데, 임신할 수 없게끔 불임수술을 하고 나니 이렇게 간단히 해결이 된 케이스였다. 너무 빨리 해결이 되어 조금 놀라긴 했으나 그래도 멋지게 클리어했다고 생각하니 기분이 좋았다.

그들이 얼른 결혼해서 예쁜 아이도 낳고 즐거운 성생활을 하기를 바라면서, 요즘도 종종 브라운관에 얼굴이 비춰지는 그를 보면 그 때의 상담기억이 떠올라 웃음짓곤 한다. 행복하고 예쁘게 잘 살길 기원하고 또 기원해본다.

이 사례의 송강희 선수는 임신시킬 것에 대한 두려움이 지루증을 만든 사례였다.

내면 오픈을 어려워하는 스타일이었기에 최면을 사용하여 원인파악을 하였다.

정관수술을 하고 심리적 안도감을 얻은 후 사정이 잘 되는 좋은 결과를 보았다.

심리테라피는 원인파악이 가장 중요하다. 그래야 어떤 치료방법을 쓸 것인지 나오기 때문이다.

또 나의 지루증 내담자 한 분이 기억나는 사례가 있는데, 그에게는 솔루션으로 자동회전하는 자위기구(인공질)를 추천하여주었다. 성인기구테라피 였던 것이다.

그리고나서는 두 달 정도 기간을 두고 여자친구와의 만남을 자제하게하고 자동회전기구로만 일주일에 한~두 번 빨리 사정하는 연습을 하였다.

두 달 정도 연습하고 나서 그는 드디어 여자친구를 만났는데, 예상했던 대로 아주 뜨거운 밤을 보냈다고 했다. 사정도 연습한 대로 적당한 시간에 하게 되었고, 기구가 아닌 사랑하는 여자와 관계를 하니 섹스만족도도 매우 높았다고 이야기했다.

이렇게 섹스테라피는 기구로도 치료가 가능하다.

인간은 도구를 사용하며 발전해 왔기 때문일까?!

- 관계를 들여다보면 당신이 보인다. by MOON

"오를 만하면 못 오르는 오르가즘 언덕"

* 여성 절정감 장애

 적절한 성적 자극이 주어졌음에도 불구하고 절정감을 느끼지 못하는 경우를 여성 절정감 장애(Female Orgasmic Disorder)라고 한다. DSM-5에 따르면, 성행위 시에 절정감을 느끼지 못하거나 절정감의 강도가 현저하게 약화되는 일이 대부분(75~100%)의 성행위 시에 반복적으로 6개월 이상 나타날 경우에 여성 절정감 장애로 진단된다.평생 전혀 성적 극치감을 경험하지 못해서 오는 일차적 절정감 장애가 있는 반면, 과거에는 극치감을 경험했으나 언젠가부터 이러한 경험을 하지 못하는 이차적 절정감 장애도 있다.

권석만 〈이상심리학의 기초〉

 40대 후반 박연정 씨를 처음 만난 건 막 상담소를 오픈한 이른 아침이었다.

 보통 여성 내담지, 특히 ~~주부~~들은 오전 일찍 상담하러 오는 편이다. 남편 회사 보내고, 아이들 학교나 유치원에 보내고 나오는 아침시간은 주부에게 황금시간대이다. 식구들이 삶의 전쟁터로 나가기 전에 벌여 놓은 흔적들의 청소를 마치고 커피 한 잔하며 음악을 듣거나, 운동을 하는 등 여유로운 시간으로 활용하는 게 보통 주부들의 일상일 것이다.

 "소장님, 안녕하세요."

 박연정 님은 상담소에 들어올 때도 이리저리 두리번거리며 주위를 의식하는 듯하더니, 실내인데도 불구하고 선글라스를 벗지 않았다.

나와 단 둘이 방에 남겨졌을 때에야 비로소 그녀는 선글라스를 벗었다. 그런데 눈에 파란 멍자국이 있다.

'가정폭력 피해여성인가?'

속으로 이렇게 의문을 가지며 멍자국에 대해 묻자 그녀는 그 때부터 이야기보따리를 풀어놓기 시작했다.

나이는 올해로 48세이며 슬하에 장성한 대학생 자녀 두 명을 두었다. 남편은 조그마한 중소기업을 운영하는데 사업은 그런대로 잘 운영되는 편이다. 아이가 둘이나 대학생이어도, 딴 집처럼 등록금 걱정을 하거나 그랬던 적은 한 번도 없는 것 같다.

그리고 박연정 씨도 아이들 열심히 키워 대학 보내놓고 이제는 비교적 젊은 나이에 자유로워진 본인의 인생을 즐겨보려 하고 있다.

경제적 여유가 뒷받침되니, 여러 가지 취미활동을 찾다가, 에어로빅도 해보고 독서모임도 나갔다가, 골프도 해보고, 퀼트도 배우고, 종교에도 빠져보았다.

그러나, 그 어느 하나 그녀의 맘에 딱 차는 건 없었다. 그저 시간의 흐름 속에 공허한 마음을 맡길 뿐이었다.

그러던 어느 날, 그녀는 새로 가입한 살사댄스 동아리에서 만난 남자 한 명과 단둘이 점심을 먹게 된다. 그 곳은 테이블마다 칸막이가 있는 레스토랑이었다.

그렇지 않아도 아까 그 남자와 커플댄스를 추다가 몸이 맞닿았을 때마다, 몸의 세포 감각 하나하나가 솟아오르는 짜릿하고 아찔한 느낌이 있었었다.

'음? 내가 왜 이러지? 처음 보는 저 남자한테…… 아, 이 짜릿한 전율 같은 느낌은 뭘까?'

"연정 씨 평소 생활은 어떤가요?"

"글쎄요… 애들도 다 크고, 남편도 맨날 늦어요. 집에 있으면 늘 혼자니까…… 자꾸 여러 가지 집중해보려고 하는데도 여기 가슴 한 구석이 늘 공허하네요."

그러자 그 남자가 연정 씨 옆으로 와서 앉아 "여기… 가요?" 하며 가슴부위에 손을 대었다.

'아….'하는 탄성이 자연스럽게 터져나왔고 연정 씨는 찌릿찌릿한 기분에 또 한 번 전율했다.

평소같으면 '뭐 하세요? 지금.'하며 발끈하고 따귀라도 때렸어야겠지만, 이상하게도 지금 연정 씨 몸은 불에 덴 듯 뜨겁게 타오른다. 거부할 수 없는 이 짜릿한 쾌감에 정신줄을 놓아버리고 싶은 마음이 들었다. 20년 넘게 애들만 키우고 가정주부로 있으면서…… 이 얼마나 오랜만에 느껴보는 느낌인지.

그녀는 지긋이 두 눈을 감고 그의 손길에 젖가슴을 맡겼다. 그리고 나서는 레스토랑을 나와 자연스럽게 그가 이끄는 대로 발걸음을 옮기고 있었다.

한 번의 거센 파도가 연정씨 몸을 송두리째 삼켜버리고 나서야 그녀는 정신을 차렸다.

'아…… 내가 뭘 한 거지?'

본인의 행동을 스스로 인정하기 힘들었으나 그녀는 이상하게 죄스러운 기분이 들지 않았다. 오히려 아까 그 남자의 손길과 따스했던 입김, 그리고 달콤했던 키스, 격정적인 섹스의 순간들만 다시금 떠올라 그녀는 또 한 번 작은 오르가즘을 맛보고 있었다.

그 날부터 그녀는 열병을 앓았다.

불에 덴 듯 화끈화끈거리는 얼굴, 떠올리기만 해도 애액이 마구 흘러나오는 듯한 기분에 몇 날 며칠 동안 다음 동아리 모임일자를 기다리며 보냈다. 그리고 나서 참석한 다음 모임. 그러나… 연정 씨가 애타게 기다리던 그가 오지 않았다.

그를 사랑하거나 남자로써 끌리는 것 같진 않다. 그러나 지금 이 순간 그녀는 너무나 큰 격정에 들떠있다. 그만 보면 그 날의 고조된 기분이 떠올라 아랫도리가 움찔움찔할 것만 같은데…….

사람들과 웃으며 얘기하면서도 자꾸 출입구를 돌아보며 그가 오는지 살피던 그녀. 모임이 파하고 집에 가려고 터벅터벅 발걸음을 돌리고 있는데, 갑자기 뒤에서 울리는 클랙슨 소리.

돌아보니 그가 차 안에서 선글라스를 쓰고 환하게 웃고 있다. 그녀는 세상을 다 얻은 느낌으로 그에게 활짝 미소를 지어 답했다.

그 이후로 연정 씨는 살사댄스 동아리에서 몇 남자와 더 관계를 했다. 춤을 출 때 몸이 조금이라도 파트너와 닿기만 하면 화끈화끈거려 견딜 수가 없었다.

어떤 날은 다른 회원들이 춤추고 있을 때 조용히 눈짓하고 파트너와 함께 아무도 없는 탈의실로 간다. 그러고서는 입을 막고 숨을 죽이며 관계를 하기도 했고, 어떤 날은 파트너였던 남자와 와인을 한 잔하다가 그만 발동이 걸려 와인바 화장실로 가서 관계를 하기도 했다.

연정 씨의 인생은 이렇게 춤과 함께, 그리고 섹스와 함께 완전히 달라지기 시작했다.

그녀가 이렇게 즐거운 비명을 지르기 시작한 이래로 일 년이 훌쩍 지나갔다. 파트너를 바꿔 만나며 즐겁던 것도 이제 슬슬 지겨워지기 시작했다.

'아… 뭐 재밌는 일 없을까?'

연정 씨는 다른 형태의 성을 추구하고 싶어졌다. 이제 상대를 바꾸기만 하는 건 재미가 없다. 물론 남자마다 섹스가 잘 통하는 사람, 잘 안 통하는 사람 차이가 있지만, 한 남자랑 세 번 이상 만나는 것도 무료했다.

세 번이상 만나서 감정의 싹이 트고, 서로의 사생활을 터치하고, 질투나 의심까지 하게 되는 건 끔찍했다.

그녀가 바라는 건 육감적 섹스 그 이상 이하도 아니었다.

섹스에는 세 종류 유형이 있다.

첫째, 머리로 하는 섹스.

이 유형으로 섹스하는 이는 안정된 환경하에 있어야 흥분도 가능하다. 안정된 환경, 아이들이나 방해할 다른 식구도 없고, 완벽한 방음 장치로 옆 집에도 신음소리가 안들리고, 안정적인 상대인 남편과 섹스하고…… 금기시 하는 모든 것들을 두려워하고 하지 않으려 한다. 이렇게 모든 요소가 갖춰지면 비로소 뇌파가 '너 이제 흥분해도 돼'라고 신호를 보내는 지 아무튼 이들은 환경의 영향을 받는다.

둘째, 가슴으로 하는 섹스.

반드시 친밀감을 느끼는 상대와 해야 흥분을 느끼는 섹스유형이다.

이런 사람들은 원나잇 스탠드나 하룻밤 사랑을 즐기는 것보다 오래된 나의 본처, 내 남편, 내 애인과 해야 흥분을 느낀다.

셋째, 오로지 육감으로만 하는 섹스.

연정 씨가 지금 이런 경우인데, 연정 씨는 과감하게도 라커룸이나 화장실에서 댄스파트너 남자들과 관계하고, 어떤때는 대낮 인적드문 곳에 차를 세워두고 섹스한 적도 있을 정도로 육감에 맡기는 섹스를 해왔다.

그러니 성적 친밀감이 생기기 전인 세 번째 만남 전에 다른 남자로 파트너를 갈아치우고 오로지 육감에만 의존해 섹스를 하는 게 연정 씨에겐 이상한 일이 아니었다.

이렇게 연정 씨는 100여 명의 남자를 바꿔가며 1년을 보냈다.

이렇게 많은 남자를 바꿔치기하며 만나는 동안에도 남편과의 사이에는 별 문제가 없었다. 오히려 남편과도 뒤늦은 성생활을 하기 시작했다. 남편은 여전히 바빴고 귀가가 늦었다. 그러나 연정 씨가 달라졌기 때문에 남편이 늦게 귀가하더라도 섹스가 하고 싶은 연정 씨가 남편에게 매달렸고, 전에 없이 적극적인 연정 씨의 모습에 남편은 처음에는 의아해 했지만, 이미 도가 틀대로 트고, 오르가즘에 오르는 법을 터득해 부르르르 떨리는 질을 갖게 된 연정 씨의 모습에 남편도 기쁨을 느끼며 함께 즐기며 살고 있었던 터였다.

보통 여자의 섹스 절정기는 삼십 대 후반에서 사십대 초반이라고들 많이들 알고 있으나, 여자 인생에서의 진정한 섹스 최절정기는 뭐니뭐니해도 사십대 후반에서 오십대 초반의 갱년기 직전 시기이다. 갱년기가 되면 여성의 몸은 호르몬의 불균형때문에 얼굴이 화끈거리고, 온도 변화에 민감하고, 자주 성질을 내게 되거나, 질 건조증에 시달린다. 월경도 끊기기 때문에 이제 생식능력을 잃어버리게 된 여자는 정서적으로 많은 상실감을 겪는데다가 우울증까지 동반하게 되어 더욱더 갱년기를 견디기가 힘들어진다.

이런 갱년기가 다가오기 직전, 본능적으로 몸은 마지막 여성성을 발휘하기 위한 몸부림을 치게 되나 보다. 따라서 어떤 이는 육감적으로만 너무나 발달하게 되어 섹스에 탐닉하게 되기도 한다. 지금 연정 씨의 경우가 딱 그 경우이다. 갱년기 직전의 육감적 발달이 심하게 된 경우. 갱년기 직전의 여성이 모두 연정 씨 같지는 않겠지만, 아무튼 연정씨는 너무나 섹스에 탐닉하게 되어 계속해서 새로운 즐거움을 찾게 된다. 이젠 다른 형태의 섹스를 추구하게 된 나머지 가학적, 피학적 즐거움에도 빠지게 되었다. 얼굴에 파란 멍이 든 건 그런 이유에서였다. 가정폭력이 아니었고 순전히 피학적인 즐거움을 추구하다가 점점 정도가 심해져서 멍이 들고야 만 것이다. 물론 멍을 들게 한 상대는 남편이 아니었다.

"남편분이 의심 안 하세요?"

"네, 소장님. 전에는 전혀 의심 안 했고 적극적이고 활기차게 변한 제 모습을 보며 오히려 남편도 흐뭇해했었죠…… 그런데 멍을 보더니 어디서 그랬냐고 꼬치꼬치 묻지 뭐예요. 부딪혀서 든 멍 같지 않고, 꼭 누가 때린 것 같다고…… 그래서인지 그이가 최근 의심이 더욱 심해졌어요. 전에 없이 제 귀가 시간을 단속하기도 하고, 제가 말을 시켜도 대답도 잘 안 하고… 어떡하죠? 그이가 눈치챈 거겠죠?"

"네. 아무래도 그런 것 같습니다. 육안으로 보아도 넘어져서 생긴 멍 같지는 않거든요. 그리고 박연정 님, 피학증은 성도착장애의 한 종류예요. 정도가 심해지면 돌이킬 수 없는 결과로 나타나기도 하지요. 점점 더 자극을 추구하시다가는 큰일 나실 수 있으세요. 섹스의 새로운 기쁨을 추구하시는 건 좋으나, 새로움은 그에 따른 희생을 가져올 수 있습니다. 대부분의 피학장애를 앓고 계신 분들이 정도가 더욱더 심해져서 죽음에까지 이르기도 해요. 박연정님은 지금은 멍이 든 상태로만 그쳤다 해도, 남편분도 의심을 하기 시작했고…… 이러다 가족 전부 알게 되면 가족분들 모두에게 씻을 수 없는 고통이 될 뿐 아니라 심지어는 가정파탄에 이를 수도 있어요. 이제 여기서 멈추시는 게 좋지 않을까요."

그 후로 그녀는 나의 말을 깊이 새겨들었는지 얼굴에 멍이 들거나 한 상태로 찾아오진 않았다.

그녀는 늘 밝았지만, 다만 똑같은 섹스가 좀 따분하다고 늘 이야기하곤 했다. 피학장애는 고쳤으나, 다른 새로운 문제가 우리의 상담의 끈을 길게 연장시켰다. 그녀의 남편은 끊임없이 그녀를 의심했고, 그녀는 남편을 도리어 의처증 환자로 몰았다. 따지고 보면 의처증 환자가 아니라 사실을 직감할 뿐이었는데 말이다.

대부분 남자도 바람이 난 것을 와이프가 눈치채면 상대가 의부증이라고 몰아붙인다. 그런 것을 보면 사람들은 제 편리할 대로 행동하고, 남 탓하며 사는 이기적인 동물 같다. 나는 그녀에게 이제 남편에게 충실할 것을 권유도 하고, 어르기도 하고, 종용하기도 하며 여러 가지 방법을 썼지만 그녀의 갱년기 전 폭풍전야 증상은 그치지 않고 늘 새로움을 찾았다.

어느 날, 그녀의 후배가 집으로 놀러왔다. 마침 남편이 그 날 일찍 집에 들어왔기에, 셋이 함께 술을 한 잔씩 했다.

술기운이 온 몸에 퍼지니 그녀의 색욕이 더욱더 자극되기 시작했다. 꿈틀거리는 본능을 어찌할 수 없었던 그녀가 남편에게 희한한 제안을 했다.

"여보, 자기 은영이랑 자고 싶지 않아? 자기 맨날 나 의심하느라 괴롭히지 말고, 자기도 내 후배랑 자고 나면 설사 내가 딴 남자랑 잤었다하더라도 어쨌든 공평한 거잖아. 어때요?"

"이 사람이… 정말, 못하는 소리가 없구만."

"여보, 나 농담 아니야, 잘 생각해 봐. 그동안 당신 의심에 하도 시달려와서 내가 아주…… 오죽하면 이런 이야기를 하겠어. 당신에게 공평한 기회를 주는 거야. 어때?"

"……."

"잘 생각해 봐. 은영이는 내가 설득해 놓을게. 결정되면 이야기 해 줘."

그녀는 후배 은영 씨에게 정말 설득을 시도했다. 은영씨는 소스라치게 놀라는 반응을 하더니 그 후로 다시는 연정씨와 연락이 닿지 않았다고 한다.

연정씨는 사실 남편의 의심이 괴로워 그런다고 본인의 희한한 제안을 남편에게 합리화시켰으나, 정작 순전히 그것은 자신의 성욕과 호기심을 채우기 위한 제안이었다. 그녀의 계획은 이랬다. 은영씨와 남편이 관계를 하는 걸 본인은 지켜보면서 자위를 하고 싶었던 것이다. 이제는 관음장애까지 오게 된 것이다. 그녀의 호기심과 왕성한 성욕의 끝은 과연 어디인가? 그 어느 누구도 말릴 수가 없을 만큼, 그 욕정은 강렬하고도 또 강렬했다.

어느 날, 그녀가 울면서 나를 찾아왔다. 하도 울어서 이미 눈이 퉁퉁 부은 상태였다. 깜짝 놀란 내가 물었다.

"박연정 님, 무슨 일 있으세요?"

"소… 장… 님…… 엉엉…… 엉… 흑흑흑……."

"왜 그러세요. 왜 이렇게 많이 우셨어요…?"

"…흑흑흑……저 여자로서 이제 끝났나 봐요…… 생리가 멈췄어요…… 소장님, 나 어떡해요… 어쩐지 한 달전부터 애액이 안 나오더니 생리가 없어서, 늦둥이 보는 임신인 줄 알고 병원 갔더니…… 흑흑흑… 갱년기래요… 나 어떡해요… 이제…….”

나는 그녀를 꼭 안아주고 다독여주었다.

“괜찮아요. 호르몬 치료 받으면 좋아지십니다. 요즘은 갱년기들 다 쉽게쉽게 넘어가요. 치료법이 좋아져서…… 여성 호르몬 치료 받으시면 돼요. 너무 걱정 마세요.”

그러나 그녀의 눈물은 그치지 않았다. 여자로서의 마지막 몸부림을 치던 그녀가, 그렇게 생식능력을 잃어버렸다고 생각하니 상실감이 말도 못하게 큰 모양이다. 이러다간 우울증이 동반되어 위험한 상황까지 갈 수도 있다. 그녀가 갱년기에 따른 우울증으로 자살시도라도 한다면? 생각만 해도 끔찍한 일이다.

그녀의 우울증을 알아보기 위한 심리검사를 했다. 결과는 역시 우울증으로 나왔다. 나는 그녀에게 항우울제 처방을 받을 것을 권유했다.

“소장님, 그것만 문제가 아니에요. 흑흑흑…… 감각이 없어요. 질이든 음핵이든. 전에는 손만 닿아도 까무러칠 정도로 예민했는데…… 지금은 아무런 느낌이 나질 않아요. 거기다가 질이 어찌나 건조한지… 애액도 한 방울도 나오지 않아요. 어렵게 관계를 하다보면 아프기만 하고…… 아프다가 절정에 오르나 싶으면 오를 듯 말 듯 감질나게 하면서 오르가즘도 못 느낍니다. 전과 완전히 달라졌어요. 제 여자로써의 성생활은 여기서 끝난 건가요? ……흑흑흑.”

그녀는 상담소를 방문할 때마다 늘 흐느껴 울었다. 안타까운 마음에 갱년기를 잘 넘길 수 있도록 진심으로 도와주고 싶었다.

그녀는 약은 먹기 싫다며 항우울제 처방을 위해 정신과에 가는 것도 싫다고 하고, 산부인과에 가서 호르몬치료요법을 쓰는 것도 싫다고 하였다.

“전 그저 문지영 소장님에게만 치료받고 싶어요. 그러니까 제발….

약 먹고, 호르몬 주사 맞으라는 소리 하지 말아주세요. 소장님과 상담으로 자연스럽게 치유되고 싶어요. 소장님만 믿어요. 그래주실 수 있죠? 저 나아지게 할 수 있죠? 네? 소장님……흑흑흑."

문제였다. 이렇게 상태가 심각할 때는 의학적 요법도 함께 병행되어야 하루빨리 좋아질 수 있건만 아무리 설득을 해도 그녀는 요지부동이었다.

"좋아요, 그럼. 저랑 둘이 적극적으로 극복해 보아요. 대신 제가 하는 방식대로 백 프로 따라와 주셔야 합니다. 그러실 수 있어요? 그것부터 약속해 주셔야 됩니다. 연정 씨."

그녀는 눈물을 그치고 반색을 하며 말했다.

"네, 그럼요. 당연하죠. 소장님과 둘이 헤쳐나간다면 두렵지도, 힘들지도 않을 것 같아요. 뭐든 말씀하시는 대로, 시키는 대로 따를께요."

평소의 고집스러운 연정 씨의 태도로 보아 잘 따라올 지 약간 미심쩍고 불안하기도 했지만, 저렇게 강하게 극복을 위한 의지를 확고히 불태우니 뭐. 나도 열심히 그녀를 위한 갱년기극복 프로그램을 짜봐야겠다라는 결심이 섰다.

자연치유 갱년기 극복 상담프로그램이 시작되었다.

첫번째, 그녀를 위한 맞춤식 식이요법 프로그램이 시작되었다.

1. 식이요법

코엔자임Q10, 징코민 등의 영양제와 석류즙, 칡, 견과류, 생선, 두부, 콩 등을 평소에 많이 먹을 것을 권장하였고 그런 황금 음식들을 바탕으로 그녀를 위한 식단을 짜주었다.

'내가 입는 것은 나를 말해주고, 내가 먹는 것은 나를 만든다.'

내가 발명해 낸 명언이다. 꼭 비싼 명품으로 몸을 감싸는 게 나를 좋은 사람으로 보여지게 한다는 뜻이 아니라, 상황에 맞는 옷, 내 나이, 내 외모 등에 적절하게 맞춘 옷을 입어야 한다는 뜻이고, 내가 먹는 것은 내 몸을 만들어 준다는 뜻이다. 신경써서 건강식을 먹으면 몸은 건강으로 보답해 준다. 하지만 매일 인스턴트 식사, 기름진 식사만 즐긴다면 몸은 성격도 급하고 짜증스러워지는데다가 어마어마한 지방으로 보답해준다는 뜻이다. 따라서 영양학적으로 고려한 식이요법. 그러나 재료는 구하기 쉬운 것이어야 한다. 그래야 그대로 잘 실행할 수 있기에.

갱년기 우울증 극복에 좋은 음식들로 그렇게 한 달 치의 식단을 짜서 그녀에게 내밀었다.

"이대로 드셔야 합니다. 아셨죠? 간식은 꼭 견과류와 석류주스 등으로 드시고요. 내 몸은 내가 알아서 챙겨야 합니다. 아무도 챙겨주지 않아요."

"네, 소장님. 그렇지 않아도 애들도 매일 밖에서 밥을 먹고 오고, 남편도 마찬가지라 이 식단대로 그대로 먹을 수 있겠어요. 그리고 식단이 그리 어렵지 않네요. 평소에 흔히 먹을 수 있는 제품으로 어쩜 이렇게 알차게 짜주셨는지요. 감사합니다."

극복에 대한 희망이 깃든 그녀의 얼굴을 보니 나도 덩달아 기분이 좋아졌다.

2. 릴렉스 마사지요법(아로마테라피 병행요법)

"박연정 님, 마사지는 다니시나요?"

"아뇨, 안 다녀요."

"갱년기를 극복 하시려면 몸의 혈액순환, 기의 순환이 활발히 이루어져야 합니다. 마사지의 도움을 받아보시는 것도 한 방법이죠."

그녀는 나의 추천으로 근처 가격대비 마사지 잘한다고 소문난 마사지샵에 등록하고 전신순환 프로그램을 시작했다. 마사지를 3회 정도 다녀온 그녀에게 물었다.

"어떠세요?"

"선생님, 얼마 전까지만 해도 몸 여기저기 다 아프고, 쑤시고…… 팔도 못 올릴 정도로 어깨가 특히 아팠는데, 마사지 받으니까 많이 풀렸어요. 이렇게 효과가 좋은 줄 알았으면 진작 받을 걸. 저녁에 마사지 받고 집에 가서 누우면 이젠 잠이 솔솔 오더라구요. 선생님이 추천해 주신 아로마테라피 마사지를 받으니 아로마향 때문인지 최근 낮과 밤이 바뀌었었는데 그 증상도 개선이 되었구요…… 너무 좋네요."

얼굴에 홍조를 띠며 웃는 그녀를 보며 다음 프로그램을 진행하였다.

3. 카마수트라 요가 체위

질 건조증에 시달리던 그녀.

남편과의 관계도 시들해지고, 그렇게 섹스를 즐기던 그녀 같지가 않았더랬다. 그러니 우울증이 더 심해진 것이다. 가뜩이나 호르몬 불균형으로 인한 갱년기 증상도 버거운데, 본인이 여성으로써 끝났다고 생각하니 더욱더 상실감이 컸던 것이다.

인도인의 최대의 성전 카마수트라에는 남녀의 성교를 기의 흐름으로 보았다. 그녀처럼 갱년기 증상으로 고통받는 여성들에게는 기의 흐름을 원활히 해주는 것이 좋다.

시청각교육으로 그녀에게 동영상으로 카마수트라 체위들을 보여주며, 조각상 그림들도 보여주었다. 체위하나하나 설명을 해주었다. 그랬더니 그녀는 난색을 표한다.

"선생님, 이 체위들 너무 어려워 보이네요. 제가 도전하기는 조금 무리가 있지 않을까요?"

"아닙니다. 충분히 하실 수 있으세요. 그리고 카마수트라 성전의 체위를 실제 하실 때 교접을 하고 그 자세로 잠시 멈추는 것이 중요합니다. 그렇게 해야 기쁨도 느끼시면서 기의 흐름도 원활하게 할 수 가 있는 것이죠. 우리 요가 배우듯이 카마수트라도 남녀가 함께 하는 요가동작 일 뿐이라고 이해하심 될 것 같아요."

나는 그녀에게 눈을 찡긋해 보였다.

그녀는 억지웃음을 지어 보였으나 '저 자세들을 과연 잘 할수 있을까?' 하는 의구심 가득한 눈빛이 비쳐졌다.

"하하하! 걱정 마세요. 박연정 님. 첫 페이지 초보자용부터 오늘부터 해보세요. 귀찮다고 생각하시지 말구요. 자, 그리고 이거요."

질 건조증에 시달리는 그녀를 위한 따뜻한 흥분젤과 카마수트라 자세 교본집을 그녀에게 선물로 주었다.

"관계 바로 10분 전 남편 분께 발라달라고 하세요. 몸 안에 들어가도 될 정도로 안전한 제품이니까 연정님 몸에 바르시거나 남편 분 페니스에 바르셔도 됩니다. 연정님 몸에 바를 때는 살살 비벼서 음핵에 바른 후 입을 가리고 입김을 호호 불어달라고 해주세요. 그러면 효과가 배가 됩니다."

그녀는 핫 젤은 한 번도 사용 안 해봤다며 연신 고맙다고 머리를 조아렸다. 그리고는 교본집에 나와있는 체위 하나하나씩을 오늘부터 실행해 보겠다며 가벼운 발걸음으로 상담소문을 열고 나갔다.

그렇게 갱년기 프로그램으로만 그녀와 상담한 지 어언 두 달 반이 지나갔다.

식이요법도 그녀는 잘 진행하였고(이 부분은 매주 체크하였다.), 아로마테라피 마사지도 일주일에 두 번씩 꾸준히 다녔다. 그러자 몸이 이완되면서 질 건조증이 완화되는 경험도 나누었고, 마지막으로 갱년기 극복의 하이라이트인 핫 젤과 카마수트라 체위도 그녀는 매일 한 가지씩 도전하고 있었다.

그러고는 갱년기 증상이 모두 극복되어 마지막 상담을 하기로 한 날, 그녀는 남편과 함께 상담소를 찾아왔다.

"제가 이 사람의 남편 되는 사람입니다."

"아, 그러시군요. 말씀 많이 들었습니다."

"이 사람이 하도 문지영 소장님을 칭찬하고 갱년기 극복이 됐다고 어찌나 침이 마르게 자랑을 해대던지…… 허허허. 제가 너무 감사해서 소장님 얼굴 직접 뵙고 감사인사 드리러 왔어요. 그 동안 진짜 이 사람 갱년기 짜증이 너무 심했거든요. 가족들 모두가 힘들어 했었는데, 소장님을 만난 후로는 아주 깨끗이 증상들이 없어진 것 같네요. 밤에 덥다고 짜증내, 창문열면 춥다고 짜증내…… 이 사람 갱년기 이후로는 아주 온 식구가 비상사태였죠. 그리고 무엇보다도… 제가 감사한 건… 그……." 그는 머뭇머뭇거렸다.

나는 다음 말을 예감하고 웃으며 먼저 이야기했다.

"카마수트라요?"

"네… 그 체위로 부부관계를 했더니만 저도 사정을 해도 전혀 피곤하지 않고 오히려 회춘한 느낌이랍니다. 허허허! 요즘은 이 사람과 부부관계 하는 재미에 귀가시간도 빨라졌다고나 할까요? 전에는 사실 조금 버거웠던 게 맞습니다. 이 사람의 욕구에 제가 따라가지 못했죠. 그런데 요즘은 저 사람이나 저나 아주 기의 흐름이 통쾌하게 흘러가고 있는지, 그리고 성의 기쁨도 전의 몇 배에 달할 정도입니다. 아무튼… 허허, 쑥쓰럽지만 너무나 감사해서 인사드리러 온 겁니다.”

“하하하 정말 다행이십니다. 저도 너무 기쁘네요.”

나는 기쁘고 격앙된 마음에 웃으며 박연정 씨를 쳐다보았다. 그녀의 양 볼이 부끄러움에 발그레 한 걸 보니 전에 갱년기 때문에 조금 부족했다 싶던 여성호르몬이 돌고 있는 듯한 느낌이 들었다. 마치 부끄러워하는 소녀 같다고나 할까.

“핫 젤, 쿨 젤, 보통젤 등 러브젤도 선물로 드렸었는데 어떠시던가요? 요즘도 잘 활용하시나요?”

“소장님…… 사실은요. 처음에 애액이 안 나올 때 한 달간은 잘 썼었는데요. 지금은 안 쓴지 보름 정도 되었어요. 이젠 질 건조증이 없어져서요. 그냥 관계 시에도 예전보다 더 애액이 많이 나온답니다. 호호호. 그래서 그냥 서로 성기 마사지 해 줄 때나 쓸까…… 아무튼 저희 부부는 소장님의 갱년기극복 프로그램으로 아주 효험 톡톡히 봤습니다. 감사합니다. 정말 감사합니다.”

인도에 외국 여자가 가면 위험하다는 말이 있다. 가서 다시는 안 돌아온다는 것이다. 인도 남자와 한 번 자고나면 인도 남자와 결혼해 거기서 눌러 살고 싶어 집에 안 돌아온다는 이야기가 있을 정도로 인도인들의 카마수트라는 성생활 속 뿌리 깊은 음행일치 식 교접법이다. 그들의 성관념은 인생의 세 가지 목표 중 하나가 될 정도로 성을 즐기고 성교를 남녀의 기의 흐름과 통용으로 보았다. 그것은 아름다운 성교를 즐겨서 좋은 자손을 낳아 기르고자 하는 뿌리 깊은 그들의 사조이자 신념이다.

이런 인도인들의 인생철학과 사조가 부러워졌다.

갱년기 이후로 질 건조증에다, 오를 듯 오르지 않는 2차적 절정감 장애를 호소하던 연정 씨의 눈물을 본 것이 바로 어제 같은데…….

갱년기를 약이나 호르몬 도움 없이 자연 호르몬을 발생시키게 하여 치유하게 된 박연정 씨 사례는 아직도 나의 뇌리에 깊이 남아있다.

연정 씨의 사례는 인간의 몸은 참으로 신비하다는 것을 말해준다.

설사 내가 갱년기라도 자연호르몬을 방출하게끔만 만들어 놓으면 갱년기가 아닌 몸으로 착각을 할 수도 있다는 것을 일깨워 준 사례이다.

예를 들면 아침에 일어나서 아무일이 없어도 그냥 미소를 지으면 뇌에서는 그 표정을 기억하고 엔돌핀 호르몬을 방출시킨다고 한다. 그러면 하루 종일 기분이 좋고 복이 따라온다고 한다. 그것과 같은 원리라고나 할까.

카마수트라 체위로 자연호르몬을 방출시켜서 뇌와 몸을 착각하게 만든 연정씨는 제2의 섹스전성기를 살고 있다.

갱년기라도 극복 프로그램을 잘 짜서 그대로 실행하다보면 자연호르몬이 방출된다. 자연적으로 호르몬이 돌게 하는 것이 인공적으로 주사를 맞는 것보다 훨씬 자연스러운 것이다.

그 호르몬의 원천은 당신의 관계에서 나올 수 있다. 그것이 해답이 될 수 있다.

– 관계를 들여다보면 당신이 보인다. by MOON

"첫날밤 구급차에 실려 온 신혼부부"

* 삽입장애

DSM-5에 따르면, 삽입 장애는 다음 중 한 가지 이상의 문제를 6개월 이상 나타내어 개인이 심한 고통을 겪을 경우에 진단된다.

 1) 성행위 시에 질 삽입의 어려움

 2) 질 삽입이나 성교를 시도하는 동안 외음질 이나 골반에 심한 통증을 느낌

 3) 질 삽입이 예상될 경우에 외음질이나 골반의 통증에 대한 심한 불안과 공포를 느낌

 4) 질 삽입을 시도하는 동안 골반 저부 근육이 심하게 긴장되거나 수축됨.

어린 시절에 성적인 학대나 강간을 당하면서 느꼈던 고통스러운 경험이 성인이 되어 성교 시에 통증을 유발할 수 있다. 이 밖에도 성행위에 대한 죄의식, 상대방에 대한 거부감이나 혐오감, 상대방을 조종하려는 무의식적 동기 등이 성교 통증에 영향을 미칠 수 있다.

권석만 〈이상심리학의 기초〉

김은정 씨와 송영훈 씨. 세상의 어느 신혼부부가 이리도 행복할 수 있으랴. 그 둘은 첫날밤을 학수고대하던 부부 중 한 쌍이었다. 연애기간은 6개월. 비록 중매로 만났지만 둘은 첫 눈에 강하게 이끌렸고 6개월 교제 끝에 결혼에 골인했다.

"은정 씨, 오늘 집에 안 들어가면 안 돼요? 같이 있고 싶어요."

"안 돼요. 아시잖아요. 저희 부모님 집에서 기다리시는 거…… 영훈 씨, 아쉽지만 우리 내일 또 만나요. 저는 지금 가 볼게요."

그녀는 도무지 '틈'이라는 게 없었다. 여자경험이 많지는 않지만 영

훈 씨는 은정 씨 같은 여자는 처음 보았다. 신사임당이 환생한 것일까. 아님 나이팅게일? 동정녀 마리아?

은정 씨는 엄격한 부모님 밑의 외동딸로 곱게 자랐으며 임용고시를 보고 한 번에 합격해서 현재 초등학교 교사로 7년째 근무중이다. 나이는 올해 32세이나 나이에 비해 남자경험은 전무했다. 아는 성지식도 전무했다. 그녀는 그저 온실 속의 화초, 그 이상도 이하도 아니었다. 영훈 씨는 처음엔 그런 은정 씨의 다소곳하고 신사임당 같은 모습에 끌렸다.

그러나 남자가 진정으로 원하는 것은 낮에는 정숙녀, 밤에는 요부 아니던가. 영훈 씨는 결혼 후의 은정 씨가 심히 걱정되었다. 저렇게 뭘 몰라서야 결혼해서 섹스는 제대로 할 수 있을까? 괜히 나 혼자 독수공방하게 되는 거 아냐?

오만가지 생각에 머리가 아파올 때쯤 순차적으로 그들은 상견례를 하고 식장을 잡고 결혼준비를 하였다.

드디어 결혼식 당일,

이미 피앙세와 섹스를 나눈 남자라면 덜하겠지만, 영훈 씨는 아침부터 매우 설레었다.

'으히히, 오늘…… 피로연하지 않고 바로 신혼 여행지로 떠나니까… 크크크. 가면 바로 씻고…… 크크크'

혼자 마구 상상을 하며 즐거움 반, 설렘 반 그렇게 식장으로 향했다. 식장에 들어선 순간, 눈부신 웨딩드레스를 입고 활짝 웃고 있는 은정 씨를 보니 영훈 씨는 아찔함에 다리가 풀릴 정도였다.

'저렇게 아름다운 여자가 내 신부라니……'

마치 신랑신부 찍어내듯 피크시즌에 이루어진 공장형 결혼식을 마치고, 영훈 씨와 은정 씨는 가족들과의 인사로 눈물 콧물 흘리며 그렇게 신혼여행지로 가는 비행기에 올랐다.

"어머, 신혼여행 가시나 봐요. 축하드립니다."

비행기 안 친절한 스튜어디스가 미소를 띠며 축하해주었다. 공항 화장실에서 겨우 옷만 갈아입은 은정씨는 누가 봐도 막 결혼한 새색시답게 캐주얼 옷차림에 언밸런스한 진한 신부화장, 실핀을 300개는 넘게 꼽은 과한 올림머리를 하고 비행기에 올랐던 것이다.

5시간을 비행하여 도착한 곳은 말레이시아 반도의 섬, 코타키나발루였다. 공항부터 숨이 턱 막힐 정도로 더웠지만 길거리에 즐비한 야자수와 회교도의 교회당, 까무잡잡한 얼굴의 원주민들의 모습은 이국적인 느낌을 물씬 자아냈다.

리무진 택시를 타고 가며 그 둘은 꿈같은 신혼여행을 시작했다.

호텔에 도착하니 이미 저녁시간이 지나 있었고 오늘은 다른 일정이 없이 휴식이었다.

나는 그 부부의 이야기를 들으며 신혼여행객 가이드는 참 편하겠다라는 생각을 잠깐 했다. 신혼여행객은 즐거운 마음으로 모든 지 즐겁게 받아들이고 포용한다. 서비스가 맘에 안 들더라도 대놓고 표현하거나 화를 내지 않는다.

거기다 가장 중요한 건…… 호텔 밖으로 잘 나가려 하지 않는다.

각설하고, 그래서 그 부부는 '아-기다리고-기다리던' 첫날밤을 드디어 맞이하게 되었다.

호텔룸에는 열대과일 바구니와 와인이 마련되어 있었다. 영훈 씨가 먼저 씻겠다며 욕실로 들어갔다. 샤워를 하면서 영훈 씨는 이미 상상만으로 발기되어있는 본인의 똘똘이를 살살 자극하며 조금 있다가 펼쳐질 섹스의 향연을 부푼 마음으로 마음껏 기대하였다.

그리고 나서 은정 씨가 욕실로 들어갔다.

영훈 씨는 머리를 말리고 나서 와인병의 코르크 마개를 따고 와인 잔을 두 개 준비한 후 어서 은정 씨가 씻고 나오기를 학수고대하며 기다리고 있었다.

욕실 안 은정 씨의 샤워소리가 드디어 멈추었다. 영훈 씨는 침을 꿀꺽 삼키고 애꿎은 와인병과 와인 잔만 이리저리 돌리며 안절부절 못하고 있었다. 드디어, 촉촉하게 젖은 머리의 은정 씨가 모습을 나타 냈다.

"이리와요, 은정 씨, 우리 와인 한 잔 해요. 내가 과일도 다 깎아놨 어요."

그렇게 둘은 와인잔을 부딪히며 화기애애하게 여독을 풀었다.

"은정 씨 좀 피곤하지 않아요?"

"네, 조금요. 비행기도 오래 타고, 아까 웨딩드레스 입고서 너무 긴 장을 했더니만 좀 피곤하긴 하네요."

"그럼 이리로 와요. 내가 재워줄게요."

영훈 씨가 먼저 침대로 가서 벌러덩 누우며 한쪽 팔은 팔베개 해주 는 모양을 하고 은정 씨에게 손짓을 했다. 그녀는 수줍어하며 침대로 가서 앉았다. 그러자 영훈 씨가 그녀를 부드럽게 안아 침대에 쓰러뜨 리고 키스를 하기 시작했다. 은정 씨도 너무나 흥분이 되었다. 사랑하 는 남편과의 첫날밤은… 그것도 첫 관계라면 누구나 떨리고 긴장되고 흥분될 것이다.

"아악!!!"

갑자기 영훈 씨가 소리를 질렀다.

사실은 좀 전에 삽입을 여러 차례 시도했는데 은정 씨의 몸이 열리지가 않았었다. 삽입을 포기하려던 찰나에 잠깐 문이 열려 성기가 들어갔던 모양이다. 그러나 은정 씨의 문은 영훈 씨를 잡고 놔주지 않았다. 천국의 문은 그대로 닫혀 지옥의 문이 되었던 것이다. 지하철 타려고 막 뛰어오다가 닫히려는 문 사이에 낀 꼴이 되었다.

"어쩌죠? 안 빠져요. 은정씨. 어떻게 좀 해봐요. 나 좀 놔줘요."

"어헉…… 저도 당황스럽네요. 이거 어떡해요… 안 빠져… 끄응……어떡해요, 엉엉."

은정 씨는 겁이 나 울음을 터뜨렸다. 남자라서 울지 않을 뿐, 영훈 씨도 이미 맘 속으로는 은정 씨보다 더 크게 울고 있었다. 둘 다 이런 경우는 처음인지라 당황하니, 힘은 더 들어가고 성기는 더욱 더 교합이 되어 완전히 한 몸이 되었다. 블록 조각이 맞아도 이렇게 꽉 맞진 않을 정도였다. 서로 빼려고 안간힘을 써 봐도 소용없었다.

영어를 조금 하는 영훈씨가 호텔 프론트에 전화를 했다.

응급상황이니 사람을 보내달라고 하고서 전화를 끊었으나, 다시 생각해보니 외국인에게 이렇게 나체로 붙어있는 꼴을 보인다는 게 한국인의 자존심으로 용납이 되지 않았다. 영훈씨는 프론트에 다시 전화해 사람을 올려보내지 않아도 된다고 이야기하고 가이드에게 전화를 걸었다. 역시 한국인의 위급사항은 한국인에게 이야기해야 한다.

"여보세요."

전화를 받는 한국인 가이드의 목소리를 들으니 안심도 되면서 이제 살았구나 싶었다.

"저기요…… 저희가 끼었어요."

"네? 뭐가 꼈다는 말씀이세요?"

"아무튼 와이프가 처음이라…… 우리가 지금 한 몸이라고요. 일심동체(一心同體)가 아닌 일신동체(一身同體)요."

가이드는 머리를 굴리다가 무릎을 탁 쳤다.

신혼여행으로 워낙 많이 오는 곳에서 가이드 생활을 하니 직접 겪은 경우는 이번이 처음이지만 주변 동료한테 '질경련'이라는 걸 들은 기억이 났다. 삽입에 대한 공포가 있을 때 여자의 질이 너무나 긴장한 나머지 남자의 성기를 잡고 놓아주지 않는 경우인데, 바로 그 경우를 이야기하는 것 같았다.

"알겠습니다. 옷을 입긴 힘드시겠지만 함께 조금이라도 이동하셔서 가운이라도 걸치시고 계세요. 제가 바로 구급차를 방으로 불러드리죠. 그리고 저도 지금 호텔로 가겠습니다."

전화를 끊고 그 둘은 합심해 몸을 일으켜 한 발짝 한 발짝 딛고 가운이 있는 곳으로 갔다. 그리고 각각 가운을 하나씩 걸쳤다. 가운이 있다는 건 이 얼마나 다행인가.

얼마 지나지 않아 가이드와 함께 구급차가 도착했다. 부부는 문을 못 열어주는 상황이니 호텔 벨보이가 마스터키로 방문을 따주다가 웃음이 터지는 걸 참는 모습이 눈에 띄었다. 화가 났지만 지금 화를 낼 상황은 아니었다. 낀 채로 화를 내면 뭐 낀 놈이 화낸다며 더 웃음거리로 전락할 것이다.

그렇게 은정 씨와 영훈 씨는 하나의 들것에 함께 실려 복도를 지나고 프론트를 지나 1층 밖에 세워져있는 구급차에 태워졌다.

엄격한 가정환경에서 자란 은정 씨는 결혼 전까지 단 한 번도 성경험을 해본 적이 없다. 그녀의 부모는 성이란 위험하고 나쁜 것이니 절대 해서는 안 된다고 가르쳤다고 한다.

연애를 하고 결혼을 하게 되면서 성에 대한 부정적 생각은 감소했다 하더라도 막상 첫날 밤 남편의 물건이 가까이 다가오니까 심장이

뛰고 매우 불안했었다고 한다. 그런 마음도 몰라주고 남편은 억지로 넣으려고 하니 그만 자신도 모르게 남편을 꽉 물게 된 것이다. 이런 경우는 십중팔구 '질 경련증'이 원인이다.

실제로 그녀는 내가 추천한 산부인과에 가서 검사를 해보았더니 질이 과다한 긴장상태에 빠져 있었다. 검진 도구를 질 가까이 갖다 대기만 해도 질 근육이 심한 경련을 일으켰다고 한다.

질 경련증은 대부분 심리적인 억압에 기인한다. 은정씨 같은 경우는 '성은 위험하고 안 좋은 것, 절대 순결을 잃으면 안 된다'라는 교육을 받고 자랐고, 그런 가정환경 하에서 외동딸로 커왔기에 이러한 성에 대한 죄의식이 첫날밤 질 경련증을 일으킨 것이다.

질 경련증이 있는 상태에서 억지로 삽입 행위를 시도했던 그녀의 남편 영훈 씨는 결국 은정 씨에게 꽉 물리는 상황이 되었고 말이다.

나는 은정 씨에게 우선 과도한 긴장상태를 풀 수 있도록 이완요법을 시행하였다.

"자, 은정 씨, 저를 따라 호흡하시죠? 숨을 코로 크게 들이마시면서 배가 볼록해지는 것을 느껴봅니다. 후…… 그런 다음 숨을 내뱉을 때는 아래부터 끌어당긴다는 느낌으로 입으로 천천히 내뱉습니다. 후……."

이렇게 긴장을 완화할 수 있는 복식호흡요법을 그녀와 총 이십 회 시행했다.

"은정 씨, 앞으로 남편분과 관계하시기 전에 이렇게 호흡을 이십 번씩 하면서 이완을 해보세요. 그리고 내쉬는 숨에 생각합니다. '괜찮다. 내 몸은 남편을 향해 열린다.'라고 스스로 최면을 걸며 숨을 내쉽니다. 그리고 아침에도 일어나자마자 명상을 십 분씩 하는 습관을 들이세요.

명상을 할 때도 자기최면을 거는 것입니다. '내 몸은 긴장 없이 열린다. 섹스가 즐겁다.' 등의 말을 속으로 생각하며 명상을 합니다. 그리고 잠자리 베개에 은정 씨에게 잘 맞는 아로마 오일을 조금 발라두어서 아로마 향기로 릴렉스하시는 향기요법도 시행하시는 겁니다. 아셨죠?"

"네, 선생님."

"그리고 이건 선물입니다."

그녀가 내 선물을 보고 풉 하며 웃음을 터뜨린다. 아주 작은 사이즈의 인공성기이다. 실리콘의 안전한 재질로 이루어져 있다.

"어때요, 영훈 씨 거보다 너무 작나요?"

"아니요, 크크크. 비슷해요."

이런 여유로운 농담도 하는 거 보니 그녀가 확실히 방금 전의 복식호흡법을 통해 릴렉스되긴 했나 보다.

"은정 씨, 이제 이걸로 매일 연습하시는 겁니다. 여기 젤도 함께 드릴게요. 젤을 바르면 훨씬 수월해요. 젤을 인공성기에 바르고 조금씩 삽입해 보는 연습을 하는 겁니다. 3일 후에 또 뵐 때는 인공성기가 어느 정도까지 들어갔는지 알려주세요. 매일매일 들어간 깊이를 체크해서 3일 후에 저에게 알려주세요."

"네, 해 볼게요. 선생님."

이렇게 질 경련증은 여성의 몸이 자연스레 남성을 받아들일 수 있도록 단계적으로 치료해야 한다. 또한 대부분 성을 죄악시 여기는 심리적인 억압이 무의식에 자리잡고 있으므로 심리치료도 필수적인 것이다. 그러나 단계적으로 접근하고, 치료에 적극적으로 임하면 치료 경과가 아주 좋은 성기능 장애이기도 하다.

은정 씨는 질 경련증을 단계적으로 치료 받으면서 자연스레 삽입 성행위가 가능해졌고, 뒤늦게 눈 뜬 섹스세포가 살아나 현재는 아주 즐거운 성생활을 하고 있다.

처음에는 작은 성기모형으로 시작했다가 다 들어갔다고 하면 조금 큰 모양으로 바꿔서 주었다. 그러다가 결국 남편 성기만한 크기의 딜도까지 받아들일 수 있게 되었을 때 부부는 합궁을 하였다.

"은정 씨, 이제는 안 아파요? 또 물까봐 무서워요."

"하하하. 아니요. 안 아파요. 저 영훈 씨를 위해 그 동안 노력 많이 한 걸요. 이젠 괜찮아요. 받아들일 수 있어요. 얼른 들어와요, 자기."

우리 모두는 가정환경이나 성 환경에 의해 성의식이 자리잡게 된다.

가정에서 성이란 나쁘고 더러운 것이라고 왜곡된 교육을 하면 그렇게 인식한다. 반면 성이란 즐거운 것이라고 자연스럽게 받아들이게끔 부모가 애정표현을 자주 보여주는 집안은 아이들도 그런 성에 대해 비교적 자연스럽고 자유스럽게 받아들이게 된다. 서양의 가정에서 자란 아이들과 우리나라 아이들의 가정의 성교육 방식에 따라 성인식이 달라진 것처럼 말이다.

성교육은 가정에서부터, 어릴 적부터 성교육 동화를 통해 자연스레 인식하도록 하는 부모의 교육방침이 절실히 요구된다. 그런 교육이 없고 성을 은폐하려는 부모 밑에서 자란 아이들은 친구들과 자극적인 야동 같은 것을 보는 데 노출될 수 있다.

왜냐고? 성은 은밀하고 거론하면 안 되는 인식이 자리잡다 보니 정말 은밀하게 음란물을 보며 호기심 충족을 하는 것이다.

이 사례의 은정 씨의 부모님이 성을 자연스럽게 받아들일 수 있도록 지도를 해주었더라면 하는 아쉬움이 남았으나, 결국 꾸준한 딜도 테라피 연습으로 질 경련증을 치료했으니 다행이다. 부모의 성관념과 성인식은 아이가 성인이 되고 나서도 영향을 미치게 된다.

내 아이의 성교육은 내가 직접 해준다는 관념이 부모들 사이에서 자리잡아야 할 것이나.

– 관계를 들여다보면 당신이 보인다. by MOON

Lesson 2
성행동 장애

"너무나 궁금했던 남들의 속사정"

* 관음장애

관음장애(Voyeuristic Disorder)는 다른 사람이 옷을 벗고 있거나 성행위를 하고 있는 모습을 몰래 훔쳐봄으로써 성적 흥분을 느끼는 경우를 말한다. 관찰되는 상대방은 낯선 사람인 경우가 대부분이며, 관음증을 지닌 사람들은 관음행위 도중이나 이러한 목격내용을 회상하면서 자위행위를 하는 경향이 있다. 관찰되는 상대방과의 성행위를 하는 장면을 상상하긴 하지만, 실제로 이런 일이 발생하는 경우는 매우 드물다. 관음행위는 타인의 사생활을 침범하는 범죄행위로 처벌될 수 있다. 관음 장애의 평생 유병율은 남성의 경우 약 12%, 여성의 경우 약 4%로 추정되고 있다.

권석만 〈이상심리학의 기초〉

"웬 비가 이리 많이 온다니. 하늘에 구멍이라도 뚫렸나."

마침 예약자가 없었기에 인턴선생 세 사람과 나는 쏟아지는 빗줄기를 바라보면서 차를 마시며 담소를 나누고 있었다.

그 때, 옷깃과 완장이 비에 젖은 경찰이 한 남자를 데려왔다. 데려온 남자는 50대 초반으로 보였고, 여름 장마철인데도 불구하고 두툼한 갈색 가을점퍼를 입고 있었다. 역시 빗물로 인해 그의 갈색점퍼도 군데군데 물 얼룩이 져 있었다.

경찰이 물었다.

"여기가 성심리상담소 맞죠?"

"아… 네, 그렇습니다."

제일 초짜 인턴이 벌떡 일어나 반색을 한다.

"다름이 아니라…… 이 사람이 모텔에 불을 질렀지 뭡니까."

경찰이 데려온 남자를 찬찬히 살펴보았다. 한 눈에 보기에도 흐리멍덩한 눈빛, 남루한 옷차림 등등 외모 전반적으로 약간의 지적장애가 의심되는 사람이었다.

"이 사람이 모텔에 아무 이유없이 불을 질러서 잡혀왔는데, 자꾸 이상한 소리를 해대서요. 도무지 말이 통하지 않아 데려왔습니다. 뭐… 모텔손님이 빠구○를 치지 않았다나 뭐라나. 그래서 화가 나서 불을 질렀다는데…… 나 원 참. 그게 이유가 됩니까? 그래서 검찰에 송치되기 전에 선생님께서 정확한 범죄사유를 파악해 주셨으면 해서요. 가능하시겠죠? 성심리를 전문으로 하는 상담소가 여기가 제일 유명하더라구요. 아무튼 잘 좀 부탁드리겠습니다."

경찰은 그 남자를 내게 맡기고 상담실 바깥에서 대기하기로 하였다.

용의자가 모텔에 불을 지른 혐의는 스스로 인정하였으나, 왜 불을 질렀는지 그 이유가 도무지 납득되지 않아서 데리고 왔다고 한다. 모든 범죄행위는 범죄자 스스로의 타당한 이유가 있는데, 지금 데려온 이 사람은 모텔 한 채를 태워 타인에게 극심한 경제적, 인명적 피해를 입게 해놓고도 이렇게 천연덕스럽게 엉뚱한 이유만 대는 이유를 알고 싶다고 했다.

정말 미친 것인지, 아니면 고도의 위장술을 발휘하는 것인지, 그것
도 아니라면 정말로 심각한 변태적 성심리가 결부된 것인지…… 범죄
심리검사와 범죄이유를 알아봐달라고 하는 경찰의 간곡한 부탁이 있었
다. 용의자는 52세, 혼자 사는 남자라고 하였다.

그를 데리고 상담실에 앉았다.

"반갑습니다. 저는 상담소 소장 문지영입니다. 선생님은 성함이 어
떻게 되시는지요?"

"유영진입니다."

"아, 유영진 씨… 어떻게 하시다가 모텔에 불을 지르게 되셨는지
요."

남자는 고개를 약간 숙이는 듯하다가, 이내 턱을 빳빳이 세우고 내
게 당당하게 말한다.

"빠구○를 안 쳐서요."

"누가요?"

"모텔 손님이요."

"모텔 손님이 빠구○를 안 쳐서 화가 났다는 건가요?"

상담사는 내담자와 비슷한 눈높이에서 비슷한 어휘를 써야 내담자
를 개방시키는 것이 쉬워질 수 있다. 내가 잘 안 쓰는 용어였지만, 유
영진씨의 마음을 빨리 열기 위해서 약간 불편한 용어를 썼다.

"네……."

"그게 왜 화가 났을까요? 혹시 그 모텔 손님은 유영진 씨가 평소에
알고 계시던 분인가요?"

"아니요."

"유영진씨가 생각하는 모텔은 어떤 곳인가요? 무엇을 하는 곳이에

요?"

"빠구○ 치는 곳이요."

"흠…… 그렇다면 꼭 모텔은 남녀사이에만 투숙을 할까요? 업무상 출장 때문에 남자끼리 와서 잠을 청할 수도 있고, 그 곳에서 생활을 하시는 분들도 계시지 않을까요?"

"뭐니뭐니해도 모텔은 빠구○를 치는 곳입니다. 모텔에 가서 그 짓을 안 한다는 건 말도 안 됩니다."

그의 언성이 조금 커졌다. 말하는 동안에도 흥분이 채 가시지 않는 듯해 보였다.

보통 범죄심리학에서는 내재된 화가 범죄행위를 통해서 발산되는 편인데, 유영진 씨의 화는 방화행위로도 아직 해소되지 않은 듯 보였다. 그것이 뭘까…… 왜 그리 화가 났을까. 지인도 아닌 누군가가 모텔에서 섹스를 안 했다고 해서 불을 지르다니. 어떻게 보면 말도 안 되는 범행 이유인데다가 계속 똑같은 진술을 반복하는 그에게 경찰도 두 손 두 발 다 들게 된 것이다. 아직 성인용 웩슬러 지능검사 전이었지만, 그의 말과 행동에서 약간의 지적장애도 의심되었다. 아니면 고도로 연출된 바보 연기일 수도 있다.

나는 그가 연기를 하는 것인지 아닌지 부터 지능검사로 알아보려고 생각하다 이내 마음을 접었다. 지능검사는 이럴 때 별로 효과가 없다. 그가 만약 지적장애를 연출하는 것이라면 지능검사지에도 역시 연출할 것이므로 그렇다. 이럴 때 필요한 건 수십 장의 설문용 심리검사지 보다는 그와의 끊임없는 면담과 색채심리검사이다. 색채심리검사는 트리 모양으로 된 용지에 12가지 컬러스티커를 붙여서 내담자의 현재심리를 파악해내는 방법이다. 비교적 빠르고 쉽게 내담자의 심리를 파악할 수 있는 방법이라 지적장애가 있는 이나 시간이 다소 부족할 때, 혹은

따분한 검사지를 싫어하는 성인, 청소년, 아동에게 주로 쓰는 방법이
다.

유영진 씨 앞에 검사지를 내밀었다.

"자, 유영진 씨. 이제부터 여기에다가 이 12가지 스티커를 붙이는
데요. 1번부터 12번까지, 순서대로 붙이시면 됩니다. 만약 지금 빨간
색이 제일 눈에 들어온다 싶으면 1번에 빨간색을 붙이시면 되구요. 두
번째로 붙이고 싶은 색은 2번칸에, 세 번째로 붙이고 싶은 색은 3번
칸에…… 이런 식으로 총 12개를 붙이고 싶은 순서대로 이 용지에 붙
여주세요."

유영진씨는 고개를 끄덕끄덕하고는 열심히 스티커를 붙이기 시작했
다.

분석결과, 그의 본모습은 워낙 불 같고 충동적인 에너지가 있었으
나, 현재 어떠한 사유로 인하여 더욱 극도로 예민해져 있었고, 약간의
분노조절장애 증상도 보였다. 분노가 통제가 안 되어 계획 없이 그저
충동적으로 무언가를 실행해 버린 상태였다. 그러나 실행 후에도 불안
감과 화는 여전히 가시지 않았고, 상담가로서 현재 그에게 결핍되어
있는 심리적 안정감을 불어넣어주는 것이 필요했다. 그런 다음에야 비
로소 그의 제대로 된 진술이 가능할 것으로 보였고, 그 연후에나 제대
로 법의 심판을 받고 죄의 대가를 치를 수 있을 것으로 보였다.

이제는 지속적 상담을 통해 그의 '화'가 도대체 무엇인지를 알아볼
차례이다.

그는 경찰에 구속되어 조사를 받는 도중 엉뚱한 진술만 녹음기처럼
반복하는 바람에 여기에 오게 된 것이었는데, 서울지검에 송치되기
전, 범죄이유를 어느 정도는 말이 되게끔 조사해서 넘겨야 하기에 경
찰 측에서 더욱 급하게 이 사건을 의뢰한 것이었다. 나에겐 3일 안으

로, 하루 두 시간씩. 그의 범죄동기에 대해 알아볼 시간이 주어졌다.

"자, 유영진 씨, 이제 저에게 말해 줄 수 있나요? 유영진 씨가 그 사건 당시에 어떤 생각을 하고 있었는지요."

"……."

"지금 말하기 좀 불편하시면 다음번에 얘기해주셔도 됩니다. 앞으로 저랑 총 세 번 만날 건데요, 오늘은 영진 씨 살아온 얘기나 들어 드릴게요. 아무런 조언이나 간섭하지 않고 그저 들어만 드릴 테니, 맘 놓고 이야기 하셔도 됩니다. 허심탄회하게 얘기나 하죠, 우리."

이렇게 운을 띄우자, 잠시 생각을 하는 듯 보이던 유영진 씨가 이내 입을 열었다. 그러고는 할 말이 아주 많았던 듯, 살아온 이야기 보따리를 하나하나씩 내 앞에서 풀기 시작했다.

유영진은 올해 52세이며, 3남 중 차남으로 전북 전주에서 태어났다.

어렸을 때부터 영진 씨의 어머니는 그저 큰아들밖에 몰랐다. 막내는 막내라서 예뻐했고, 영진 씨는 늘 부모님과 형제들에겐 소외의 대상이었다. 이것이 차남, 차녀에겐 대부분 공감가는 이야기일 수도 있지만, 영진 씨 집은 유달리 더 심한 차남소외현상이 있었던 집이었던 것 같다.

그 반증으로, 영진 씨가 군생활을 하는 동안 부모님이나 형제들은 단 한 번도 면회 온 적이 없다고 했다. 그러나 형이나 동생이 군대를 가면 어머니는 기회가 있을 때마다 식구들에 친척들까지 대동해 면회 가기 바빴다. 영진 씨가 실수라도 하면 아무리 작은 일이라도 부모님은 늘 대노하셨다. 형과 동생까지 영진 씨를 싸잡아 공격하고 채근하며 닦달했다. 그러나 동생이나 형이 실수하면 부모님들은 사뭇 다른 태도였다. 늘 동생과 형에겐 관대하였고 이해해주시는 눈치였다.

집안 내 왕따…… 그것이 바로 영진 씨의 모습이었다.

이런 불공평한 가정환경에서 영진 씨는 심하게 남의 눈치를 보는 성격으로 자라왔고, 또한 가정에서 받은 소외감과 상처를 학교에서 해소하려 하였다.

학교에서 나쁜 일을 저지르거나 친구를 괴롭히면 그나마 주목을 받을 수 있다는 걸 깨닫고 나서, 영진 씨의 일탈 행동은 날이 갈수록 심해졌다. 그것이 좋은 주목이든 나쁜 주목이든 영진 씨에게는 중요치 않았다. 일단 집안에서 형과 동생에게 편중된 관심을 학교에서라도 받아보고 싶어 더욱더 친구를 괴롭혀 본인에게 복종케 하고, 아부하게끔 만들었다. 말썽을 일으켜 교무실에 불려다니는 일이 반복되었다. 어머니까지 학교에 불려오시게 되자, 그 후로 집에 가면 영진 씨에 대한 아버지의 구타가 기다리고 있었다.

이런 악순환이 계속되던 어느 겨울날.

하루는 가족들이 연탄을 피워놓고 잠들었는데, 자다가 연탄가스가 새어나오는 걸 감지한 영진 씨 부모님이 영진 씨의 형, 영진 씨의 동생을 한 명씩 껴안고 방에서 탈출해 나오는 사건이 생겼다. 영진 씨는 세상모르고 자고 있다가 산소부족이 심해짐에 따라 호흡곤란을 느끼고 본인 스스로 뒤늦게야 엉금엉금 기어 겨우 방 밖으로 탈출해 나왔다. 일산화탄소 중독증으로 응급실에 간 영진 씨는 몇 분만 늦었으면 생명이 위험해 졌을 정도였다. 그 때 뇌에 경미한 손상을 입어서 말투가 이렇게 어눌해졌다고 한다.

부모님이 영진 씨의 구출엔 관심이 없었고, 오로지 형과 동생만 데리고 나오는 바람에 본인 혼자 생사의 경계를 넘나드는 경험을 하게 되었다 생각했고, 영진 씨는 이 일을 계기로 더욱더 가족들에게 마음을 닫아버리고 분노의 싹을 키우게 되었다.

사회에 나와서 영진 씨는 한 여자를 만나 결혼을 하게 된다.

결혼을 하고 아이를 낳으면서 영진씨도 이제서야 행복해지는가 했지만, 그 행복도 잠시였다. 아내는 옆집 남자와 바람이 나서 영진 씨와 아들 하나만을 달랑 남겨두고 그 남자와 야반도주를 한다. 허탈했던 영진 씨는 매일 밤낮을 술로 마음을 달래며 살았다. 어린 아들은 술 앞에 뒷전이었다.

그렇게 술로 세월을 보내고 있던 어느 무더운 여름날, 소주와 안주거리를 사들고 집에 들어오는 길에 영진 씨는 옆집에서 흘러나오는 기이하고 섹시한 신음소리에 발걸음을 멈추게 되었다.

여기까지 얘기를 듣고 있는데, 인턴선생이 노크를 하고 들어와 시간이 지났다고 했다. 고개를 들어 시계를 보니 ,이미 시간은 상담을 약속했던 두 시간이 훌쩍 넘어가고 있었다. 밖에서 경찰이 노크를 해댔다. 하지만 이미 입을 떼기 시작함과 동시에 마음의 문까지 어느 정도 오픈한 그를 적절한 시점에 중단시켜야 다음날 재방문시에도 오픈시키기가 훨씬 수월하다.

마음을 열고 상담사와 라포(rapport, 신뢰감)형성이 막 되어가고 있는 중요한 찰나에 이야기를 확 끊어버리면 그는 다시는 마음을 안 열 수도 있다. 그게 바로 고도의 심리전이자 상담기술인 것이다.

"유영진 씨, 그래서 어떻게 되었나요?"

"김 경장님이 자꾸 나오라고 하니 나머지는 내일 상담시간에 말씀드리도록 하겠습니다."

상담을 하는 내 입장에선 내담자가 먼저 이야기를 끊어주니 고마울

따름이었다. 다음날 같은 시간으로 예약을 잡은 후 김 경장님이 내게 다가와 묻는다.

"어때요? 선생님. 저 자식 얘기를 좀 하던가요?"

"네…… 아직 범행동기에 대해선 정확하게 듣진 못했습니다만, 지금의 심리 오픈 정도로 봐서는 3일안에 범행동기도 얘기를 할 것 같네요. 오늘은 과거의 유영진 씨의 살아온 여정에 대해 파악하는 시간이었습니다. 범행동기를 파악하는 데 매우 중요한 부분이죠."

다음날, 김 경장님과 유영진 씨가 같은 시간에 예약한 대로 함께 왔다. 유영진 씨가 나를 보더니 반색을 하면서 먼저 입을 뗐다.

"선생님과 어제 이야기 나눈 후에 며칠 만에 편하게 잠을 잤습니다. 그 동안 조사를 받는 동안 잠을 못 자기도 했었지만, 어제는 정말 마음이 편했는지 오랜만에 잘 잤어요. 고맙습니다. 선생님."

"하하하. 다행입니다. 사람은 그렇게라도 속내를 꺼내 놓으면 그것만으로도 마음속 화가 많이 풀리게 마련이죠. 유영진 씨도 그러한 이유로 해소감에 잘 주무셨을 겁니다…… 그러면 그동안 살아오면서 힘들 때는 누구와 이야기를 하셨나요? 만약 이야기 들어주는 대상이 있었다면 속 얘기도 하셨나요?"

"아뇨…… 얘기할 사람도 없었고, 친구도 없었습죠……그저 술만 마셨어요."

영진 씨는 허무한 듯 허공에 시선을 잠시 고정시키더니 한숨을 내뱉으며 말했다. 어렸을 때부터 부모님의 편애적 사랑에 상처받은 유영진 씨가 어디 하나 털어놓을 곳 없이 가슴에 화를 묻어두고 살았었기에 내재된 화가 한 번에 위력을 발휘하며 폭발하여 이런 분노성의 큰 범죄를 저질러 버린 듯하다. 누군가라도 차근차근 이야기를 들어줬었더라면… 이런 참사는 없었을 텐데. 마음이 아파왔다.

"어제 그 신음소리 들었던 부분부터 다시 얘기해 주실래요?"

유영진 씨는 특유의 어눌하고 느릿느릿한 말투로 다시 자신의 삶 이야기를 하기 시작했다.

지나가다가 야릇하게 흥분되는 신음소리를 듣고 발걸음을 멈춘 영진 씨. 옆 집 방문은 여름이라 열려 있었다. 다세대 주택의 다닥다닥 붙은 구조였다. 말만 옆집이지, 칸을 나눠놓은 옆방이나 마찬가지이다. 이런 주택은 특히 방음시설에 취약하다. 영진 씨는 열린 문틈으로 빼꼼히 안을 들여다보았다.

영진씨 마누라와 바람나 야반도주했던 그 남편의 마누라. 밤에 조그만 업소를 나가는 모양이다. 거기서 애인을 사귀었는지 기둥서방이 어느 날인가부터 그 여자 집에 와서 사는 눈치였다. 방 안은 커다란 선풍기가 굉음을 내며 연신 돌아가고 있었고, 한 여름 뜨거운 한 낮, 뜨거운 남녀의 정사가 적나라하게도 영진 씨의 눈앞에 펼쳐지고 있었다.

"헉……."

순간 눈앞에 펼쳐진 격정의 파노라마에 정신을 잃을 뻔한 영진 씨. 정신을 차려보니 본인도 모르게 이미 바지를 내리고 페니스를 꺼내어 자위를 하고 있었다.

"하… 하… 음…… 하… 헉…… 아… 아……."

여자 위에서 격정적 피스톤 운동을 하는 남자가 사정을 하는지 여자 몸 위로 푹 꼬꾸라지는 순간 영진씨도 그만 절정감에 사정을 하고 말았다. 옆집 문 앞 흥건한 영진씨의 정액들. 그는 본인의 정액을 치울 생각도 없이 한 켠에 내려놓은 소주가 든 검은 비닐만 주섬주섬 챙겨 본인 집으로 들어왔다.

그 때 찢어질 듯 울리는 집 전화벨 소리.

"여… 여보세요?"

"네, 유정태 학생 집이죠?"

"네…… 그런데요."

"아버님 되시나요?"

"네. 누구세요?"

"여기 성모병원 응급실인데요. 유정태 군이 차 사고를 당했어요. 보호자 분 얼른 오셔야 합니다."

전화기를 내려놓고 부랴부랴 택시를 집어타고 성모병원으로 갔다. 응급실에 도착한 순간…… 간호사들이 누워있는 정태머리위로 하얀 이불을 덮어씌우는 게 보였다.

"지금 뭐하는 겁니까? 우리 아들한테!"

"……요 앞 큰 길에서 뺑소니 차 사고를 당했나 봅니다. 지나가던 시민에게 발견되어 응급실에 왔을 때는 이미 늦어 있었습니다…… 조금 전에 운명했습니다."

"뭐라고? 당장 살려내. 내 아들…… 으아아아아아아악!"

유영진 씨가 정신을 차린 곳은 아들을 보낸 성모병원 침대였다. 시큼한 소독약 냄새가 코를 찔렀다.

이럴 때가 아니었다. 장례를 치러야 할 때였다. 편안히 저 세상으로 갈 수 있도록 보내 줄 절차가 남아있었다. 유영진 씨는 가까스로 몸을 추스르고 그렇게 외로운 장지에서 아들을 보냈다. 아들이 생사를 오가던 시각, 옆집 섹스장면에 흥분하여 자위를 하고 있었던 본인이 한심하고 싫어서 견딜 수가 없었다.

눈물방울들이 떼굴떼굴 나락으로 굴러 떨어졌다.

그 일이 있고 나서 영진 씨는 관음증이 생겼다. 어찌 보면 아들의 죽음과 맞바꾸어졌을 그 섹스장면…… 그것이 무엇이길래 그는 아들이 죽어가는지도 모르고 관전에 열중하고 있었을까. 반 미치광이 상태로 그는 남의 섹스장면에 집착하기 시작했다.

아들을 떠나보낸 후, 그의 관음증은 더욱 심해져 옆집과의 벽 사이에 조그만 구멍을 뚫고 소형 카메라를 설치해 놓기도 했다. 그리고 녹화된 그들의 섹스야동을 보면서 자위를 하며 상상했다. 그의 뇌리 안에서 세 명이 섹스를 나누는 그림이 자주 등장했다.

그의 행동은 점점 더 대담해졌다. 남들이 성행위하는 모습을 보기 위해서는 남의 집을 월담하기도 하고 몰래 침입하기도 하면서 관전에 집착했다. 그러다보니 일반 가정은 그가 침입하는 시간대에 섹스를 하고 있을 확률이 저조한 걸 깨달았고, 섹스할 확률이 가장 큰 모텔에 침입하기 시작했다.

모텔은 주로 엘레베이터를 타고 침입하거나 주차장에서 계단으로 올라가서 침입해도 될 정도로 객실 복도로 들어가기가 매우 용이했다. 그리고 복도 끝에 대기하고 있다가 엘레베이터를 타고 막 결제 후 룸키로 룸을 여는 커플의 인기척이 나면, 숨을 죽이고 그 방 앞에 가서 귀를 기울였다.

모텔방은 폐쇄된 공간인지라 룸으로 직접 침입해서 관전하기가 용이하지 않았다. 여름에 서로서로 문을 열고 사는 옆집 같은 경우는 몰래 침입해 숨어있어도 들키지 않았지만, 모텔은 그렇지 않았다고 한다. 비록 직접 볼 수는 없었지만, 문 앞에 귀를 기울이고 엿듣는 재미 또한 쏠쏠했다고 한다. 엿듣다 보니 상상력이 더욱 발동하고, 청각이 발달하게 되어 직접 보는 것과 또 다른 느낌으로 다가왔다고 했다.

그렇게 매일 밤 모텔로 출근하다시피 한 유영진 씨.

모텔 손님들은 남녀가 들어오는 쌍이 대부분이었고 들어오면 미친 듯이 섹스부터 나누는 커플, 아니면 샤워 후에 시간차를 두고 섹스를 나누는 커플. 남녀 모두 소리가 요란한 커플, 그렇지 않고 비교적 얌전하게 섹스를 나누는 커플, 이상한 위잉위잉 진동 소리가 나는 커플, 여자가 찢어질 듯한 비명을 지르는 커플, 모텔 침대에 쿵쿵 머리를 찧는 듯한 소리가 나는 커플. 찰싹찰싹 때리는 듯 하는 떡방아 찧는 소리가 나는 커플 등등……

세상엔 가지각색의 섹스 스타일이 있다고 생각하면서 들려오는 소리에 집중하며 자위를 했다.

그러던 어느 날.

매일 귀 기울여 듣기만 하는 것도 지겨워지고, 엘리베이터에서 누군가 내리는 인기척을 듣고 자위하던 바지춤을 급하게 올려 복도계단으로 숨는 것도 더 이상 하고 싶지 않을 때쯤이었다. 모텔로 출근하는 게 똑같은 일상이었던 그에게 어느 날, 빛의 광명 통로만큼 반가운 통로가 하나 보였다.

비상구 쪽 계단의 룸 314호는 린넨룸이 옆에 있는 곳이었는데, 교포 아줌마들이 린넨실을 나와 청소하는 오전 무렵 린넨룸이 열려 있는 틈으로 314호의 작은 베란다쪽으로 통하는 문을 발견했다.

314호는 린넨룸 옆에 자리한 룸이라 그 모텔에서 유일하게 베란다가 있는 방이었다. 그는 마침, 아줌마들이 청소하러 나간 시간을 틈타 가뿐하게 314호 베란다로 진입했다. 여름이라 아줌마가 청소 후 환기를 위하여 창문까지 살짝 열어둔 상태이다. 이제 직접 관전도 할 수 있겠구나 하는 마음에 속으로 쾌재를 불렀다.

낮에 대실을 하는 손님들도 꽤 있는 모텔이었고, 아침에도 손님이 그럭저럭 오는, 장사가 잘되는 곳이었기에 그는 얼른 한 커플이 314호로 입실하기만을 기다렸다.

조금만 기다리면 대실 손님이 올 시간이다. 그는 흥분감에 도취되어 떨리는 가슴을 억지로 진정시키며 담배를 한 대 피웠다. 말도 못할 정도의 행복감과 기대감이 온 심장을 휩쓸고 지나갔다.

드디어…… 또각또각 구두소리와 함께 들어온 남과 여.

그런데 '어? 이 방 맘에 안 드네, 뭐하네' 하면서 여자가 프론트로 전화를 하더니 방을 바꿔 나간다. 영진 씨는 매우 실망한 마음을 감추지 못했다. 그의 가슴 속 깊은 곳에서 분노가 치밀어 올랐다. 한 두 시간 잠복해 있던 것이 마치 하루처럼 길게 느껴졌다. 화가 난 마음에 그는 검은 비닐에서 플라스틱 소주잔과 소주, 새우깡을 꺼냈다. 세 잔을 연거푸 원샷한 후 겨우겨우 화가 난 마음을 진정시키고 담배를 피워물었다.

뿌연 담배연기로 동그란 도넛 모양을 만들며 마음을 진정시키고 있던 그. 얼마나 시간이 흘렀을까…… 잠깐 앉아서 졸던 유영진의 귓가에 또 한 번 314호로 들어오는 남녀의 인기척이 들렸다.

그는 먹었던 술이 확 깨는 느낌과 함께 묘한 긴장감을 느끼며 자리에서 일어났다. 창문을 통해 막 방으로 진입해 들어오는 남녀의 실루엣이 보였다. 둘의 나이는 40대 중후반 정도로 보였고, 대화 끝에 혀가 꼬인 느낌이 드는 것을 보니 반주로 낮술을 좀 걸친 듯했다.

남자는 모텔방에 들어오자마자 씻으러 간다고 하면서 샤워실로 들어갔다. 여자는 남자가 샤워를 하고 있는 동안 TV를 켜서 보면서 에어컨도 틀었다. 남자가 샤워를 하고 나오자 여자가 욕실로 씻으러 들어갔다. 남자는 여자가 씻는 동안 모텔 가운을 걸치고 프론트에 전화를 걸어 맥주와 마른안주거리 등을 시킨다. 베란다 창 밖에서 영진 씨는 남녀의 행동을 세세하게 살피며 침을 꿀꺽 삼켰다.

'그래…… 여자가 나오면 둘이 맥주를 마시면서 분위기 잡다가 곧 하겠지. 아… 정말 저 사람들 쓸데없는 짓 하느라 사람 애간장을 다 태우는구만. 모텔에 들어왔으면 먼저 빠구○를 쳐야지. 술도 어지간히 쳐먹은 거 같은데 또 무슨 맥주를 시킨담…….'

속이 바싹바싹 타들어갔다. 그들의 행동거지에 맞춰 담배를 아껴 태웠는데도 이제 남은 건 두 가치밖에 없고, 두 병 사온 소주도 거의 떨어져간다.

'아, 이럴 줄 알았으면 소주 한 병 더 사올 걸 그랬나? 담배도 더 사오고…….'

유영진 씨의 입안도 바싹바싹 말라가기 시작했다. 그는 조급함을 억누르기 힘들었다. 두 남녀는 영진 씨의 생각을 아는지 모르는지, 아니 그가 본인들을 줄곧 쳐다보고 있다는 사실 자체도 모르고 있으니 그저 맥주를 주거니 받거니 입 안에 서로 안주를 넣어주면서 공허한 수다만 떨고 있다.

'아…… 도대체 언제 하는 거야.'

뙤약볕에서 서너 시간 그렇게 눈앞에 펼쳐질 진한 섹스장면의 파노라마만을 위해 줄곧 그 자리를 지키고 있었던 그의 다리에 쥐가 나기 시작했다.

'도대체 빠구○도 안 칠 거면서 왜 씻은 거야. 엉? 저렇게 맥주나 마실 거면 술집을 가든지. 아…… 짜증나 폭발해 버리겠다.'

그 둘은 맥주를 12병이나 추가로 더 시켜먹으며 계속 횡설수설 수다를 떨고 있었다. 여자가 우는 듯하더니 이내 남녀 모두 낄낄거리고, 남자가 버럭 화를 내는 것 같더니 또 둘이 서로 웃기도 한다. 그러다가 거울을 보며 남자가 나체쇼를 한다. 흉측하게 거시기를 덜렁덜렁

거리며 춤을 추는데. 유영진 씨 입장에서는 같은 남자로써 못볼 꼴이었다. 차라리 여자가 나체쇼를 하면 좋으련만, 어찌된 건지 여자는 가운을 얌전히 입고는 도무지 벗을 생각을 안 한다.

시간은 한 나절을 지나 이미 오후 네 시가 지나고 있었다. 이 둘은 아마도 대실이 아닌 숙박으로 들어온 것 같다. 프론트에서 나가라고 독촉 전화가 안 오는 것을 보니 말이다.

배도 고프고, 다리도 저리고, 덥기도 하고, 술기운도 얼큰히 올라 미치겠는데…… 얼른 눈앞에서 섹스쇼만 펼쳐진다면, 자위를 하며 모든 근심, 걱정, 애태움 다 날려버릴 수 있을 만큼 현재 그에게는 그들의 섹스를 보는 게 간절하고 또 간절했다. 성질 같아서는 "야, 니들 언제 할래?"라고 확 질러버리고 싶었지만, 그러면 오히려 그 남녀는 영진 씨의 존재를 발견하고 소스라치게 놀라 도망치고 카운터에 항의할 것이 불 보듯 뻔한 일이다.

이런 충동들로 가득한 생각을 잠재우고, 부글부글 끓는 속을 겨우겨우 억누르고 있는데 드디어 남자가 술에 거나하게 취한 듯이 침대로 미끄러지듯 들어간다.

"자기야…… 이리 와."

손짓하는 남자를 보더니 여자도 술기운이 바짝 오른 얼굴로 비틀거리며 침대로 쏙 들어갔다. 유영진 씨는 이미 다 말라비틀어진 침을 억지로 모아 꼴깍 삼켰다.

'드디어 하는 건가? 야호!'

피우던 담배를 서둘러 비벼 끄고, 그는 마치 잠복근무하던 형사가 용의자를 발견하고 무기를 꺼내는 양 신속하게 바지춤을 끌러 성기를 꺼냈다. 나름대로 그의 준비태세였던 것이다.

그런데…… 그런데, 남자가 여자에게 팔베개해주는 제스쳐를 취하더니 이내 그대로 코를 곤다. 여자도 술에 완전히 곯아떨어져 같이 코를 골긴 마찬가지이다. 어쩌면 그리도 동시에 잠이 들 수 있는지.

바지를 내리고 한참 준비태세에 있던 유영진 씨의 참담한 심정은 이루 말할 수 없었다. 그는 세상을 다 잃은 듯한 낙심한 표정으로 잠시 멘붕 상태에 있었다.

어찌나 허탈한지 다리에 힘이 쫙 풀려서 비틀거리며 넘어져버렸다. 넘어져 아픈 것도 못 느끼고 그는 바닥에 주저앉아, 아끼고 아껴 마시던 남은 소주 반병을 병째 벌컥벌컥 들이켰다. 그리고는 마지막 남은 담배 한 가치를 꺼냈다.

하늘이 노랗다.

풀린 동공으로 잠시 허망하게 하늘을 응시하던 유영진 씨는 마지막 담배에 불을 붙이고 피우면서 세상 누구보다 억울한 생각에 눈물이 앞을 가림을 느꼈다. 그 순간의 그의 심리는 극도의 허탈감이 분노, 원망으로 급속도 전환되어, 쿨쿨 세상 모르게 자고 있는 그 둘을 죽이고 싶을 정도의 강한 살인충동으로 바뀌게 된다.

이제 그의 머릿속엔 딱 한 가지 생각밖에 들지 않았다.

결국 풀리지 않은 화를 감당하지 못한 그는, 담배를 몇 모금 더 빨다가 방 안 창을 열어 바로 눈앞에 보이는 커튼에 담뱃불을 붙이고야 만다. 불은 빠른 속도로 커튼을 타고 올라갔고, 이내 벽지에 옮겨 붙고, 싸구려 나무테이블로 옮겨 붙었다. 그래도 풀리지 않은 분을 안고 유영진 씨는 그렇게 화재 현장을 유유히 빠져나온다.

범행 심리를 세 번째 상담에 걸쳐 나눠서 꺼내놓은 그는 비로소 표정이 편안해졌다.

"유영진 씨, 말하고 나니 어떤가요?"

"이제 살 것 같네요."

"아직도 화가 안 풀린 건 아니죠?"

"네…….."

피해자 입장에서라면 누가 누구한테 화났냐고 묻느냐며 적반하장도 유분수라 하겠지만, 최종 목적은 그의 내면을 꺼내게 하여, 그가 범행 동기를 잘 진술할 수 있게끔, 법의 심판을 잘 받을 수 있게끔 하는 것이 목적이기 때문에 상담가로서 최대한 감정을 절제하며 유영진이라는 내담자를 대해야 한다.

"모텔이 탔고 재산피해가 어마어마합니다. 투숙해 있던 대부분의 손님들은 대피했지만, 314호에 계시던 두 분은 깨어나지 못해 미처 대피하지 못하고 돌아가셨습니다. 유영진 씨의 충동적인 행동이 피해자들에게 어떤 엄청난 영향을 끼쳤는지 생각해 보셨으면 합니다. 그럴 수 있나요?"

유영진 씨는 전과 달리 수그러진 태도로 고개를 푹 떨구고 작은 목소리로 이야기한다.

"네…… 제가 잘못했습니다. 돌아가신 분들, 모텔 주인분…… 모두에게 죄송합니다."

비로소 그는 폭발할 것 같은 분노에서 벗어나, 피해자를 생각하고 반성하기 시작했다. 사람의 내면, 분노를 일으키게 된 역동심리는 누군가에게 잘 꺼내놓기만 해도 잠잠해지게 되어 있다. 그리고 나서 비워진 마음으로 이제는 본인의 어긋난 행동을 되짚어 보게 하고, 역지사지로 피해자의 입장을 돌이켜 보게 한다.

'만약 내가 모텔 주인이었으면 한 순간에 밥벌이의 근원인 모텔을 잃었는데, 어떨 것인가?'

'만약 내가 314호에 투숙한 남자였다면 애인과 모텔에 와서 잠을

자다가 순식간에 화재로 목숨을 잃었는데, 얼마나 억울할 것인가?'

이 두 가지의 역지사지 사고법을 그에게 훈련시키고 나서야 그는 드디어 반성이라는 걸 하기 시작한 것이다.

"이제 오늘이 저와의 마지막 상담입니다. 조금 후면 김 경장님과 함께 경찰서로 돌아가실 텐데…… 마지막으로 하고 싶은 말씀이 있으신지요?"

"……."

"유영진 씨."

"면목이 없습니다…… 저도 어렸을 때 연탄가스를 맡고 죽을 고비를 넘겨본 사람이…… 불나는 게 얼마나 무서운 일인지 알면서, 그 연기가스가 얼마나 숨 못 쉬게 괴로운 것인 줄 아는 사람이 이런 일을 저질렀다니요…… 죄송합니다."

"저에게 죄송할 건 없지만, 피해자 분들과 유가족들에게 진심으로 사과하셔야 할 겁니다. 그리고 저랑 세 번에 걸친 상담내용, 앞으로 누가 묻더라도 동일하게 진술하시면 됩니다. 예전처럼 똑같은 말만 반복하시면 안 되구요. 아셨죠?"

"네……."

진술내용은 유영진 씨의 동의하에 이미 녹음해 둔 터였다. 나는 오늘 이 녹음파일을 김 경장님에게 이메일 전송할 것이다. 만약 경찰서로 돌아가서 혹시라도 그가 상담 전의 그로 회귀하여 똑같은 범행 동기만 앵무새처럼 진술한다 하더라도, 이 녹음파일이 그의 진술내용이 되기 때문에 그는 이제 진술파일과 함께 서울지검에 송치되는 일만 남았다.

어릴 적 가정 속 왕따로 외롭게 성장해 온 유영진 씨.

더군다나 일산화탄소 중독증으로 어눌한 말투, 경미한 지적 장애를 갖게 된 그였다. 이렇게 힘겨운 삶의 여정 중에 배우자의 배신, 아들의 죽음을 거의 연달아 겪으면서 아주 심한 관음장애와 분노조절장애를 함께 갖게 됨으로써 개인분노와 억압이 함께 표출되어 저지른 범죄로 보여진다.

누군가 주변에서 그에게 따스한 손길이라도 내밀었다면, 조금이라도 관심을 주는 사람이 있었다면, 더 과거로 돌아가 어렸을 적 조금만 더 따스한 사랑을 받았었다면…… 그의 과거를 역순으로 되짚어보며, 이 정도의 무모한 범행을 한 그의 성장배경, 관계적 배경이 안타까웠다.

사람은 누구나 관계 속에서 살아간다.

타인과의 관계가 틀어짐으로 해서, 가족과의 관계가 좋지 않음으로 해서 결국은 내면적 상처를 갖고 살아가게 되고, 그 상처가 심리적 딱지에 의해 고정되어 겉으로는 바로 드러나지 않고 무딘 마음으로 살아지게 되더라도, 어떠한 계기로 인해, 예를 들면 상처를 잘못 긁어 피딱지가 뜯어지게 되면 상처 속 고여있던 피가 샘솟아 나오듯 갑자기 한 번에 무모한 행동으로 분출될 수가 있다.

누구라도 내 주변을 한 번 돌아보고, 소외된 이웃은 없는지 살펴보고 관심을 가져주는 것이, 이런 외톨이 분노형 범죄를 막는 유일한 길인 듯하다.

유영진씨의 사례는 '은둔형 외톨이' 범죄의 사례였다. 어렸을 때 가정 내 왕따로 성장해 온 그가 성장하고 가정을 이루면서도 자의든 타의든 계속 인간관계에 실패하고, 그러면서 내재된 분노가 한 번의 큰 범죄로 표출된 경우이다.

우리는 모두 관계속에서 살아가지만, 나의 관계도 중요할 것이며, 주변이웃의 관계도 중요할 것이다.

범죄뿐 아니라 자살을 하는 데도 이웃에서 모르고 있을 정도로 현대사회는 각박하고 무심하다. 이러한 사회 매커니즘이 또 다른 은둔형 외톨이를 계속 양상하고 묻지마 범죄들을 키운다.

서구에서는 심리상담이 보편화되어 있다고 한다. 자본주의 사회구조가 이런 식으로 계속 흘러가면서 외톨이들의 총기살인 등 불특정다수를 향한 분노표출형 범죄를 미연에 방지하기 위해서이다. 우리도 국가적 차원에서 심리상담을 많은 부분 활성화 시키는 것이 필요하다고 본다.

- 관계를 들여다보면 당신이 보인다. by MOON

"지킬박사와 하이드 저리가라, 어느 CEO의 이야기"

* 노출 장애

노출 장애(Exhibitionistic Disorder)의 주요 증상은 낯선 사람에게 자신의 성기를 노출시키는 것이다. 때로는 성기를 노출하거나 또는 노출했다는 상상을 하면서 자위행위를 하기도 한다. 노출증적 행동을 나타내는 경우에 낯선 사람과 성행위를 하려고 시도하는 경우는 거의 없다. 이들은 보는 사람을 놀라게 하거나 충격을 주고자 하거나, 바라보고 있는 사람이 성적으로 흥분할 것이라는 상상을 하기도 한다. 이처럼 성기노출과 관련된 성적 공상이나 행위가 6개월 이상 지속되어 사회적 적응에 문제가 발생했을 때 노출증으로 진단된다. 과도한 노출증은 법적 구속의 사유가 된다.

권석만 〈이상심리학의 기초〉

"선생님⋯⋯."

"아 네, 안녕하세요. 3시에 상담 예약하신 김선훈 씨 맞으시죠?"

한 눈에 보기에도 멀끔하고 잘생긴 중후한 신사 한 명이 상담소 문을 열고 들어오더니 나를 보자마자 '선생님'이라고 부른다.

어딘가 모르게 간절하면서도 우수에 찬 눈빛, 회색 양복에 날렵한 체형, 영화 '대부'에 나올 법한 올백 머리, 그리고 영화배우 신성일을 쏙 빼닮은 잘생긴 얼굴, 그것이 바로 김선훈 씨의 첫인상이었다.

인턴선생에게 커피를 시킨 후 그는 나의 대각선 상담소파에 푹 주저앉듯이 앉는다. 그의 우수에 찬 눈빛이라든지, 푹 주저앉는 행동 등으로 굉장히 심각한 고민이 있다는 것을 상담사의 본능으로 감지할 수 있었다.

인턴선생이 가져온 커피향을 맡더니 그가 어렵사리 입을 뗀다.

"커피향이 무척 좋네요."

"커피향이 마음에 드신다니 다행입니다. 김성훈 씨."

잠시간의 침묵을 잠재우는 그의 다음 이야기가 이어졌다.

"선생님…… 이런 얘기 들으시면 저를 정말 이상하다고 여기실지 모르지만……."

세상누구보다 자애로운 미소를 지으며 내가 대답한다.

"어떤 얘기든 괜찮습니다. 김성훈 씨를 이상하다고 생각하지 않을 거예요. 마음 푹 터놓고 얘기하세요."

"……."

잠시 후 그는 충격적인 이야기를 털어놓기 시작했다.

그는 직원 200여명 규모의 잘 나가는 중견기업 CEO이다. 작년에 매출 규모 500억 원을 달성했고, 10년 전 이미 코스닥 상장을 했을 만큼 회사는 승승장구하고 있었다. 그러나 평화로운 가정이며, 공부 잘하는 자녀며, 잘 나가는 회사며 모든 걸 다 가진듯한 그에게도 아무에게 말 못할 고민이 하나 있었다.

그것은 바로 '노출증'이 있다는 거였다.

노출 장애의 첫 증상은 약 1년 전으로 거슬러 올라갔다.

어느 날 회사일로 스트레스가 가득했던 날, 직원들이 다 떠나간 늦은 밤 그는 회사에 홀로 남아 있다가 인터넷 화상채팅을 하게 되었다.

한 여성과 채팅을 하고 있었는데, 대화를 나누던 그녀가 갑자기 목 주변에 있었던 그녀의 화상카메라를 얼굴로 클로즈업 시켰다가 이내 가슴 쪽으로 내려보냈다.

그에게는 매우 신기하면서도 생소한 체험이었다. 그는 극도의 흥분 상태로 바지를 내렸다. 그런 다음에 본인의 성기를 카메라 쪽으로 갖다댔다. 그 여자가 채팅으로 답했다.

"우와~ 무지 멋져요."

그는 여자의 칭찬에 탄력받아 컴퓨터 카메라에 본인의 성기를 마구마구 흔들어댔다. 그럴수록 놀라는 여자의 반응에 더욱 신이 났다.

다음날, 회사에 출근한 그는 어제의 흥분이 가라앉지 않을 뿐더러 일도 손에 잡히지 않는 걸 깨달았다. 머릿속엔 오로지 그녀의 가슴과 젖꼭지, 그리고 본인 성기를 보고 놀라던 그녀의 반응 등이 떠나지 않았다. 실상 그는 어딜 가든 성기가 작다는 평을 들어왔다. 그러나 카메라 속 채팅상대는 그의 성기를 보며 '멋지다'라고 표현해 주었고, 연이어 놀랍다는 반응을 보였었다.

깊은 밤이 되고, 직원들이 하나 둘 떠나고, 이윽고 그 혼자만의 자유시간이 찾아왔다. 그는 컴퓨터의 어제 그 화상채팅방에 접속했고 미친 듯이 그녀의 아이디를 찾았다. 어제의 그녀도 접속중이었다.

오늘은 어제보다 수위가 농염해져서 그녀는 팬티를 벗었다. 그리고 클로즈업시켜서 본인의 성기에 비추었다. 흥분한 김성훈 씨도 바지를 벗고 그녀의 영상 앞에서 자위를 했다. 그녀도 자위를 하기 시작했다. 둘은 미친 듯이 자위를 하며 컴퓨터를 사이에 두고 흥분의 끝물을 폭발시켰다. 컴퓨터 자판에도, 화면에도 그의 흔적들이 마구 튀었다. 막상 사정을 하고나니 허무하기 그지없는 기분을 느끼면서 그는 재빨리 그의 흔적들을 닦아내고 그 채팅방을 나왔다.

그러고 나서 일주일이나 지났을까.

그 날도 일 때문에 늦게까지 회사에 남았지만 막상 직원들이 다 가고 나자 김성훈 씨의 마음 속 깊은 곳에서는 일주일 전의 흥분감과 설렘으로 가득 차오르기 시작했다. 그는 그 화상채팅방으로 재빨리 접속하고 그녀를 찾았다.

아니나다를까, 그녀가 또 있다. 이번에도 서로 자위를 하면서 김성훈 씨는 그녀에게 본인 것이 실제로도 보고 싶은지 물었다.

그녀는 '그렇다'고 대답했다.

이번에도 그렇게 서로 채팅화면을 사이에 두고 사정을 하고, 다음번에는 온라인이 아닌 오프라인에서 만나기를 약속하면서 채팅을 마무리했다.

김성훈 씨는 남모를 흥분감과 쾌감으로 그렇게 며칠을 보내고 약속한 날 오후 채팅녀와 만나기로 한 커피숍으로 향했다. 커피숍 문을 열고 들어서자 채팅화면 속 익숙해진 얼굴의 그녀가 그를 먼저 알아보고 반긴다.

"안녕하세요."

"네, 오신 지 오래되셨나요?"

"아뇨, 저도 막 왔어요."

통과의례처럼 허공에 떠다니는 말 몇 마디를 주고받으며 그 둘은 그렇게 차를 마셨다. 그녀와 대화를 나누고 있자니, 바지 속 그 놈이 꿈틀거리는 게 느껴졌다. 이미 자위로는 익숙한 그녀이기에 바지속의 그 놈은 반응을 하지만, 그런데…… 느낌이 다르다.

평소 여자를 보고 흥분을 느꼈던 그런류의 섹스 충동이 아닌, 그녀에게 모니터화면속의 그것이 아닌 실제의 그것을 마구 노출하고 싶고 자랑하고 싶은 생각이 드는 것이었다. 섹스하고 싶은 느낌과는 달랐다. 아니, 확연히 다른 느낌이다. 그냥 보여주고 싶다. 그리고 실제로 그녀 눈앞에서 자위하고 정액을 그녀의 얼굴 위로 마구 흩뿌리고 싶은 마음이 간절해졌다. 김성훈 씨는 타들어가는 속마음을 표현하듯,

눈앞의 물컵을 쥐고 연거푸 벌컥벌컥 마셨다.

'내가 이거 왜 이러지? 저 여자와 채팅하면서 자위를 해서 그런가? 원래 여관 가고 싶은 느낌이 들어야 정상인데…….'

"왜 그러세요? 뭔가 편해보이지가 않아요. 무슨 일이라도…?"

그의 당황하는 표정을 알아차렸는지 그녀가 걱정스레 묻는다.

"아, 아닙니다."

그러고나서 어색한 침묵이 흐르길 몇 분이 지나 그가 그녀에게 말한다.

"저… 이런 이야기 하면 이상하겠지만… 유미 씨에게 보여주고 싶어요. 나의 자위하는 모습을… 내 그 곳을…… 모니터로만 봤었잖아요. 실제로 보여주고 싶어요. 간절하게……."

"풉."

그녀가 터져 나오는 웃음을 참는 듯 입을 막았다.

"그 얘기하려고 이렇게 안절부절 못하셨나요?"

"……."

"좋아요. 보여주세요. 저도 성훈 씨 것 실제로 보고 싶고, 자위하는 것도 보고 싶어요. 우리 어디로 갈까요?"

커피값을 치르고 나오면서 그의 두뇌는 빠르게 주변의 으슥한 곳을 떠올리기 시작했다.

'아, 그렇지. 저 쪽에 사람이 안 다니는 빈 건물이 있는데…… 그리로 가야겠다.'

따라오라는 시늉을 하며 그는 그녀의 손을 잡고 걷기 시작했다. 가슴이 쿵쾅대고 입이 바싹 말라가기 시작했다. 마구 방망이질치고 있는 이 심장이, 꼭 터져버릴 것만 같으면서도 기묘한 즐거움을 안겨주는 것 같다.

'만약 이 여자와 섹스를 하러 간다면 어떨까? 이렇게 흥분이 될까? 이 정도는 아닐 것 같은데… 아… 얼른 보여주고 싶다. 감탄하는 이 여자의 표정이 보고 싶다. 이 여자 앞에서 마구 사정하고 싶다……'

인적이 드문 빈 건물 뒤편의 작은 틈새에서 그는 그녀를 맞은편에 세우고 혁대를 풀러 그곳을 노출했다. 그녀의 표정이 모니터 댓글처럼 '정말 대단해요. 훌륭해요.'라고 말하고 있는 듯했다. 그는 그녀의 표정을 보며 '아!'하고 낮게 탄식했다. 그러고 나서 손을 천천히 가져가 본인의 그것을 쥐고 살살 움직이기 시작했다. 쳐다보고 있는 그녀가 '꼴깍'하고 침을 한 번 삼키더니 다시 가만히 그의 행동을 응시한다.

그는 지금 눈앞에 있는 단 한 명의 관객인 그녀를 위해 소중한 그곳을 연주하기 시작한다. 마치 바이올리니스트가 소중하게 바이올린을 연주하듯, 그는 그 어느 때보다 더욱 정성을 들여 자위행위를 하기 시작했다. 지켜보는 그녀의 눈빛이 촉촉하게 젖어들어가는 듯하다. 그는 그녀의 표정 변화를 음미하면서 그 만의 연주에 박차를 가하기 시작했다.

"아… 아… 아악……."

외마디 비명을 지르며 그가 사정했다. 그녀의 동의가 없었기 때문에 그녀의 얼굴에 사정하지는 않았지만, 그래도 꽤나 만족감에 사정한 것이다. 사정을 하자 그녀가 티슈를 내밀었다. 고맙다는 눈짓을 하고 그는 서둘러 매무새를 가다듬었다.

그러는 와중 물밀듯한 후회와 허무감이 몰려오기 시작했다. 본인이 무슨 짓을 한 건지 도무지 믿겨지지도 않았고, 앞에 있는 그녀를 똑바로 쳐다볼 수도 없었다. 그녀에게 서둘러 인사를 하고는 그는 그 자리를 황급히 벗어나왔다.

그러나 채 일주일이 지나지 않아 아무도 없는 회사에서 컴퓨터 채
팅방에 접속해 그녀를 애타게 찾고 있는 자신을 발견하였다.

'유미 씨.'

'아…… 안녕하세요.'

'그 날은 잘 들어가셨나요?'

'참 일찍도 물어보시네요. ㅎㅎ'

'죄송합니다… 갑자기 너무 부끄러워져서 도망치듯 나왔어요.'

'ㅎㅎ 이해해요. 그러실 거라고 생각했어요.'

'유미 씨는 성격이 참 좋으시네요.'

'제가 성격 좋다는 이야기는 좀 듣는 편이에요.'

따뜻하게 그를 반겨주는 그녀와 대화를 나누니 심장이 다 녹아내리
는 듯하였다. 그 때 중학생인 딸아이에게 전화가 왔다. 그녀에게 잠깐
기다려달라고 한 후 딸아이의 전화를 받았다.

"아빠, 언제 와? 오늘 엄마 생일이잖아… 혹시 잊었어?"

그는 서둘러 달력을 보았다. 맞다. 와이프의 생일…… 처형식구들,
처제식구들, 처남댁 등 이미 모두 모여있다고 한다.

바로 가겠다고 아이에게 말한 후 서둘러 전화를 끊었다.

'유미 씨, 또 만날 수 있을까요?'

'좋아요. 지난 번 그 카페에서 내일 모레 같은 시간에 뵙죠.'

이렇게 그와 이유미 씨의 만남은 1년간을 이어졌다.

일주일에 한 번씩 만나 그는 자위하는 것을 보여주고 그녀는 관객
이 되고…… 그러다가 날이 추워지면 모텔도 들어갔는데, 이상하게 관
계를 시도하면 발기가 잘 되지 않았다. 대신 그녀 앞에서 자위쇼를 하

면 발기도 잘되고 사정도 잘만 되었다.

그녀도 모텔 안에서는 옷을 벗고 자위를 했다.

채팅화면에서처럼 그 둘은 마주보며 서로의 자위쇼를 감상하면서 흥분하였다. 그렇게 1년 정도 이어지고 있는 만남이 와해된 건 그녀의 일방적인 선고 때문이었다. 돌싱이었던 그녀가 애인이 생겼다고 한다. 그녀는 평소 성훈 씨를 따스히 받아주었던 태도와는 달리 돌아설 땐 아주 냉정했다.

애인 생겼다는 한 마디만 남기고 떠나간 그녀. 성훈씨는 잠시 허탈한 상태로 며칠을 보내고 나서야 채팅방에서 다른 상대를 미친듯이 물색하기 시작했다. 그러나 다른 여자들은 유미 씨와 달랐다. 그 누구를 만나든 성훈 씨의 특이한 성적취향을 알고 나서 곁에 오래 머무르는 사람이 없었다. 만나서 한 번이라도 성훈 씨의 자위쇼를 보여주고 나면, 그 다음부턴 채팅방에서 말을 걸어도 묵묵부답이거나 심지어는 성훈 씨를 차단해 버리기까지 했다.

그는 본인의 자위 동영상을 열심히 찍은 후, 온라인에서 만난 여성에게 '제 자위 동영상을 보내도 될까요?'라고 정중히 동의를 구한 후 동영상을 전송하기 시작했다. SNS로 보내면 어떤 여성은 댓글로써 짧은 감상평을 보낸다. '잘 봤습니다.', '어머낫!', '에고~ 망측하여라.' 등등 가지각색의 답이 오지만 대부분의 여성은 무응답, 무반응이었다.

이미 그의 부부관계는 없어진 지 한참 되었다.

의무방어전이라는 걸 하려고 해도 도무지 정상적인 성관계로는 발기가 안 되었다. 오로지 성기를 노출하거나 자위하는 모습을 상대가 바라보는 표정을 보면서 흥분이 될 뿐이었다.

"선생님, 저 진짜 심각하죠? 공인이나 마찬가지인 저의 행위가 알려질까 두렵습니다. 직원들은 저 하나만을 믿고 있는데, 저의 이런 모습을 알면 다들 저에 대한 존경심이 없어지겠죠?"

처음의 시크해보였던 그의 태도는 상담회기를 거듭하면서 점점 초라하고 나약한 한 남자의 내면으로 드러나기 시작했다. 본인의 두 얼굴에 대한 스스로의 자책감과 괴리감에 몸서리쳐지게 싫다가도 자신도 모르게 어느새 상대를 끊임없이 찾고 노출할 장소를 물색하게 된다고 하는 김성훈 씨. 과연 그를 어떻게 치료해야 좋을까?

김성훈 씨의 노출 장애 증상은 1년 전에 처음 나타났지만, 보통 노출 장애는 15세 정도에 발현하여 만성화 되면 40~50대까지 -나는 중국에서 노인 노출증 환자도 실제로 본 적이 있다- 이어지기도 한다. 어렸을 때 여고 앞 교문이나 여학생이 밀집해 있는 곳에 이런 노출증 환자가 많이 출현했던 것 같다. 속칭 '바바리 맨'이라고 부르는 그들은 여자들의 "꺄악" 하고 놀라는 반응에 더욱 흥분하며 즐긴다. 그러나 '에게, 고것 가지고 무슨……' 하면서 시큰둥하게 반응하거나 크기에 무시하는 반응을 보이면 그들은 큰 좌절감을 갖고 자신감을 잃어 더 이상 노출을 안 하게 될지 모른다.

프로이트의 이론에 의하면 6세 정도의 남자아이는 엄마를 사이에 두고 아빠와 경쟁한다. 그러면서 아빠의 큰 성기를 보게 되는데, 본인의 그것보다 훨씬 큰 성기를 가진 아빠가 엄마를 독차지하기 위해 본인의 성기를 베어버릴 수 있다는 '거세불안증'에 시달리게 된다.

노출 장애를 가진 이의 가정환경을 조사해 본 결과, 기가 세고 남자 같은 엄마와 소심하고 온유한 아빠 사이에서 자라났을 경우의 가정환경이 많았다고 한다. 과연 왜 그런 것일까?

김성훈 씨의 어린 시절을 꺼내어 보았다. 아니나 다를까, 그는 엄마, 아빠, 형, 성훈 씨 이렇게 단란한 네 식구 사이에서 자라났지만 드세고 남자 같은 엄마, 그리고 유약하고 소심한 아빠, 아빠를 닮아 여성성 짙으며 약한 형, 이러한 어린 시절의 가정환경을 회상해내었다. 그에겐 동성으로써의 남성성 짙은 롤모델이 부재하였던 것이다.

따라서 프로이트 이론을 빌어 설명하자면, 남자아이라면 통과의례적으로 거치는 무의식속의 '거세불안증'도 그에겐 없었던 모양이다. 늘 생활력 강하고 남자 같았던 이는 그 집안에선 이성인 엄마 한 분 뿐이었다. 무의식 속에 그의 내면 속엔 본인의 남성성을 타인에게 인정받고 싶어 하는 심리가 싹트게 되었던 모양이다.

더군다나 거세불안에서도 심정적으로 자유로웠던 그가 성기를 아무에게나 노출시키며 상대방에게 남성성을 인정받고, 아무런 거리낌 없이 노출해도 거세될 염려 없다는 무의식이 자리하고 있었나 보다.

나의 이런 추론은 적중했다.

유미 씨와 헤어지고 나서 그는 헤어짐의 슬픔은 잠시, 유미 씨를 대체해 그의 성기를 보고 놀랄 사람들을 미친 듯이 물색하였고, 그런 대상을 여간해선 찾기 힘들게 되자 점점 더 대담해져서 이제는 골목길이나 여대 앞으로 나가게 되었다고 한다. 본인의 사회적 지위가 있었기에 사람 많은 곳에 갈 땐 꼭 마스크와 선글라스를 끼고 간다고 했다. 이런 이중생활에 스스로도 너무나 지쳤고, 꼬리가 길면 밟히듯이 이제는 들키게 될 날이 멀지 않았다는 것을 그 자신도 알고 있었다. 그렇기에 증세가 더욱 악화되기 전에 치료를 받으러 온 것이었다.

원인파악이 확실히 되었으니 이제는 적절한 치료와 훈련만 거듭되면 되었다.

더군다나 특이하게 성인이 되고 나서, 그것도 50대가 되서 나타난

이 현상은 어렸을 때부터 고착화된 현상이 아니므로, 자기 조절 훈련을 하거나 명상을 하면서 자가 치유도 충분히 가능하다. 그는 평소 스스로를 컨트롤 할 수 있을 만큼 자아가 강한 사람이었으나, 우연히 만난 채팅방 여자가 본인의 행위를 재밌다는 듯이 받아주었던 것이고, 그에게는 어린 시절 자연스러운 성장통의 일부인 '거세불안'과 '남성성 롤모델 부재'로 인해 해당결핍부분을 충족시키기 위한 일시적 행동이었을 뿐이기에, 그동안 결핍을 채우는 행동을 스스로 하였었다면 이제는 그 습관을 스스로 끊어버리면 그만이었다.

일단 정상적인 성관계에 다시 재미와 생기를 불어넣어주는 게 필요했다. 아내와의 성생활은 1년 전에 이미 끊겼다고 한다. 다음 번엔 김성훈 씨의 아내분만 오게 하시라고 했다. 두 사람의 섹스스타일을 알아야 적절한 방법을 모색하고 치료가 가능하다.

"안녕하세요."

한 주가 흘러 예약시간에 맞춰 방문한 고귀한 부인이 모피코트를 입고 들어왔다. 한 눈에 보기에도 고생한 티가 전혀 안 나고, 모든 일상이 반지르르 고상하기만 할 것 같은 돈 많은 사모님 냄새가 팍팍 풍기는 분이었다.

"네, 들어오세요. 김성훈 회장님 사모님이시죠?"

"네……."

그녀와 상담을 진행하자 겉으로 보이는 여유로운 모습과는 많이 다른 상처받은 모습들이 많이 비춰졌다. 마치 김성훈 씨를 상담할 때와 비슷한 느낌이었다. 손수건으로 눈물을 찍어누르며 그녀는 그동안 마음 고생을 많이 하였다고 한다. 남편이 최근 1년간 전혀 본인 몸에 손을 대지도, 가까이 오려하지도 않아서 본인에게 정이 떨어진 줄만 알고 병원이니, 클리닉이니 찾아다니며 본인문제파악에 급급했었다는 것이다. 40, 50대 여성들이 많이 하는 이쁜이 수술, 양귀비 수술이며 갖가지 수술까지 감내하면서 소원해진 남편과의 관계를 되돌려 보려 노력을 하였지만, 그래도 남편은 마치 다른 곳에 넋이 나간 사람처럼 멀게만 본인을 대했다는 것이다.

김성훈 씨의 아내는 간절하게, 또 간절하게도 성훈 씨와의 관계를 회복하고 싶었고, 남편의 관심을 돌리기 위해서라면 무엇이라도 할 준비가 되어있다고 했다. 그녀의 말 한 마디 한 마디 속엔 남편에 대한 따스한 사랑과 존경심에서 우러나는 배려의 모습까지 엿보였다. 김성훈 씨는 최근 생긴 노출 장애의 핸디캡 외에는 정말 모든 것을 다 가진 남자처럼 보였다.

그들의 성생활을 회복하기 위해, 풍파가 한 차례 휩쓸고 간 그들의 부부관계의 끈을 조여매기 위해서는 그녀의 적극적인 노력이 필요했다.

우선 그들의 예전 섹스 스타일을 물었다.

1년 전쯤까지 부부는 일주일에 한 번씩 정기적인 관계를 하고 있는 잉꼬부부였다고 한다. 그리고 그녀의 증언에서 관계가 천편일률적이었고 너무 변화가 없었던 단조로운 관계였다는 걸 알았다.

"사모님, 클리토리스 자극 좋아하시나요?"

"네? 거기가 어딘가요?"

심지어는 '신이 인간에게 부여한 신체기관 중, 오로지 성의 극치감만을 위해 존재하는 기관인 음핵'이라는 선물에 대해서조차 그녀는 50년 넘게 살면서도 무지했었다.

부부관계의 루트는 먼저 성훈 씨가 유두를 조금 애무해 준 후 정상위로 삽입을 한다고 했다. 그런 다음 피스톤 운동 몇 분후 사정하는 게 끝이라고 한다.

결혼한 지 25년 동안 한결같이 똑같은 체위, 똑같은 방식으로 섹스를 나눈 그들이니, 김성훈 씨에게 채팅녀와의 섹스는 어쩌면 신선한 자극이었을 것이다. 그러면서 어렸을 적 채워지지 않았던 결핍적 무의식 요소가 성적 행동으로 드러나고 노출장애로까지 발전하게 된 것이다. 심리검사로 본 김성훈 씨의 성격상에도 그렇고, 25년간의 단조로운 부부생활로 봐서도 그렇고, 만약 유미 씨가 1년이 아니라 10년 넘게 성훈씨와 함께 있었다면 성훈 씨는 꾸준히 유미 씨와 동일한 방식으로 성적인 관계를 맺었을 것이다. 유미 씨가 남자가 생기는 바람에 성훈 씨에게 이별을 선고했고, 하는 수 없이 성훈 씨는 다른 여자를 찾아 헤매이다 적당한 대상이 없자 거리까지 나오게 된 것으로 보였다. 이렇듯 그는 한 가지에 몰두하면 다른 곳을 안보고 꾸준히 한 방식만을 고집하는 성향을 지녔었다.

이제는 부부치료를 통해 그들에게 새로운 방식의 섹스스타일을 권해주고 여러 가지 해보았다가 맞는 것을 찾아 그 쪽으로 집중하게 한다면 치료가 될 것이다. 여러 가지 해보면서 성훈 씨도 똑같은 방식만 고집하는 것 보다는, 섹스에서는 여러 가지 다 해보는 것이 오히려 다양한 방식에 새롭게 흥미를 느끼게 될 수도 있다.

스킬교육과 성인기구활용 추천은 부부가 함께 와서 상담할 때 알려주는 것이 좋기에, 다음 주로 성훈 씨 부부의 커플상담을 예약하고 그날의 상담을 마쳤다. 그녀가 떠나기 전 나는 그녀에게 작은 진동기를 선물로 주었다.

"이게 뭐예요?"

"이걸로 먼저 음핵자극을 한 번 해보세요. 건전지를 끼우고 살살 작동하면서 느낌이 오는 부위에 자극을 더욱 집중하세요."

"감사합니다. 선생님. 꼭 해볼게요."

"다음 주까지 숙제입니다. 다음 주에 사용해 본 느낌도 남편 분 앞에서 솔직하게 말씀해 주시기예요. 부부간에 성생활을 즐겁게 하는 것은 좋은 거잖아요. 두 분의 관계회복을 위해서 뭐든 도와드리려고 하는 거니까 제가 권유하는 방식대로 꼭 해주셔야 합니다. 아셨죠?"

그녀는 고개를 힘차게 끄덕끄덕 하였다. 그런 그녀의 제스쳐에서, 마치 학교 선생님이나 어른 말씀을 잘 듣는 아이의 순수한 모습이 느껴져 나도 모르게 웃음이 나왔다. 치료에 임하는 사람의 태도가 이렇게 적극적이니 예후가 좋을 것 같아 기대가 되었다.

다음 주, 약속시간에 맞춰 두 내외가 방문했다.

성훈 씨는 약간 긴장한 모습이었고, 아내 영실 씨는 볼에 발그레한 홍조를 띠고 있었다. 소파에 두 내외분을 앉히고 농담을 주고받으며 우선 긴장을 풀어드렸다.

영실 씨가 먼저 이야기한다.

"선생님, 그 숙제로 주신 진동기요. 저… 사용해봤는데요."

그녀가 성훈 씨를 흘깃 쳐다보더니 홍조를 띤 얼굴로 이야기를 꺼냈다.

"너무너무 좋았어요. 50년을 살도록 제 몸에 대해서 이렇게 무지했다는 것도 한탄스럽고…… 아무튼 신세계를 보았어요. 이런 기쁨이 있다니 했다니까요."

성훈 씨는 약간 놀라는 눈빛이었다. 내 아내에게 이런 면이 있었나? 싶은 표정이었다.

"하하하. 그러셨군요. 저도 자주 사용합니다. 부끄러워하실 거 없어요. 그 진동기를 부부관계 시작 시에 전희에 잘 활용하시면 되요. 남편분이 자극을 해주시면 되겠네요. 그러면 아내분이 흥분을 할 거고, 어느 정도의 극치감에 올랐다 싶으면 그 때 삽입하시는 방법을 한 번 사용해 볼게요. 그리고 오늘은 전희 방법 한 가지 알려드릴게요. 입으로 하는 애무법입니다."

나는 남녀 성기모형을 가져와 영실 씨에게 펠라치오 방법을 전수했고, 남자인턴 한 명은 성훈 씨를 옆방으로 데려가 커닐링구스 방법을 전수했다.

"자, 다음 주까지 숙제입니다. 부부관계를 하실 때는 모든 걸 다 내던지고 남자 대 여자로 행위와 촉각에, 그리고 서로의 친밀감에 집중하는 것입니다. 제가 오늘 알려드린 방법을 사용하시고 다음 주에 뵙겠습니다."

부부는 한창 밝아진 얼굴로 집으로 돌아갔다. 그들의 부부관계에 활력이 불어넣어지는 것 같아 뿌듯한 기분을 느끼며 이번 주 처방과 다음 주의 미션에 대해 자료를 작성하였다.

다음 주에 온 그들. 지난주와 사뭇 다른 얼굴이다. 들어오는 입구서부터 다정하게 손을 잡고 들어오고, 서로 배려하는 모습에서 미션을 잘 수행하였음을 알 수 있었다.

아니나 다를까, 소파에 앉기 무섭게 성훈 씨가 이야기 한다.

"선생님, 정말 감사합니다. 저희 너무 즐겁게 숙제를 마쳤습니다. 이건 아주 대성공 수준입니다. 하하하!"

"어머~ 이이가…… 호호."

영실 씨가 팔꿈치로 성훈 씨를 살짝 민다. 싫지 않은 내색을 하며 역시 얼굴에 홍조를 띤다. 두 내외는 시종일관 까르르 깔깔 웃으며 한 쌍의 사이좋은 원앙새같이 상담에 임했다.

그리고 호기심도 무척 많았다. 내 상담실에 전시된 추천용 성기구를 좀 구경할 수 없냐고 묻는다. 그러시라고 했더니 이것저것 신기한 듯 살펴보며 무엇에 쓰는 물건인지 상세하게 묻기도 한다. 성훈 씨가 옆방에서 남자 인턴에게 스킬교육을 받는 동안 그녀가 나에게 말했다.

"선생님, 정말 저희 부부 요즘 시간가는 줄 몰라요. 저 이가 일마치기 바쁘게 집에 온답니다. 애들도 다 커서 유학 가 있기 때문에 집에는 저이와 저, 일하는 아줌마 그리고 애완견 이렇게 사는데, 일하는 아줌마를 요즘은 일찍 퇴근시켜요. 호호호. 그리고 선생님이 추천해주신 방법대로 했더니 너무 좋은 거 있죠. 이렇게 좋은 게 있는 줄 몰랐어요. 전에는 입으로 하는 애무가 있는 줄은 알았지만 선생님께서 추천해주신 방법대로 하는 법은 몰랐었지요. 그리고 서로 입으로 그곳을 애무하는 게 불결하다고 생각했어요. 근데 깨끗하게 씻고 시도하니 생각 외로 불결하지도 않고, 사랑을 나누는 중에 선생님 말씀대로 특유의 향취호르몬이 나오는지 오히려 감각이 배가 되더라구요. 그리고 진동기로 음핵자극을 해주면서 저이가 애무해주니 저도 사정을 하였습니다. 그걸 뭐라고 하셨죠? 그 때⋯ 시오⋯ 뭐라고 하셨던 거 같은데⋯⋯."

"네, 시오후키라고 해요. 평생 한 번도 안 해본 분들이 대부분인데, 사모님은 벌써 경지에 이르셨네요. 하산하셔도 되겠습니다. 하하하!"

그녀는 본인의 성생활에 대한 자랑으로 말이 끊이지 않았다. 얘기가 거의 진행되었을 때 옆방에서 교육을 다 받은 성훈 씨가 들어왔다.

"좋습니다! 아주 좋아요. 오늘은 두 분에게 체위법을 가르쳐 드릴게요."

나는 부부에게 카마수트라 성전에 나오는 기를 원활하게 할 수 있는 50대를 위한 체위부터 그 외 쉽게 오르가즘에 이룰 수 있는 체위

등에 대해 PPT사진자료를 보여주며 설명해 주었다. 눈을 동그랗게 뜨고 교육에 임하는 그 부부가 어찌나 귀여우시던지.

이렇게 그 부부와의 인연은 몇 회기의 스킬교육을 더하고 나서 종료되었다. 10회기의 치료를 다 마치기 전에 성훈 씨에게 전화가 왔다.

"선생님, 정말 감사합니다. 제 생활에도, 집사람 생활에도 활기가 생겼습니다. 회춘하는 기분이랄까요. 전에는 아무리 건강식품, 몸에 좋은 것을 먹어도 찌뿌듯하고 늘 어깨, 허리 등에 신경통이 있었는데 그런 통증들도 씻은 듯이 싹 나았지 뭡니까. 새로운 인생을 다시 찾은 느낌입니다."

"하하하, 정말 다행입니다. 최근에 혹시 예전의 노출에 대한 욕구가 한 번이라도 있었는지요."

"아뇨. 정말 씻은 듯이 그 욕구도 사라졌습니다. 지금 와서 생각해 보면 제가 왜 그랬나 한없이 부끄러워지네요. 그냥 그 일은 잊고 싶어요. 선생님이 말씀해 주신 대로 저만의 내면 쓰레기통을 만들어서 그곳에 그 시절의 행동, 불쾌감, 허무함, 창피함 등의 감정을 모두 쏟아 내었습니다. 그런 다음 소각하는 연상법까지 마쳤구요. 그리고 나니 아주 시원하기가 이루 말할 수 없는 기분입니다. 선생님은 저의 은인이세요. 요즘은 와이프와 관계가 좋으니 더욱더 친밀감이 생겨서인지 예전에 노출 장애 때의 사정 후 극심한 허무감도 없습니다. 오히려 사정하고 나면 시원하게 '쾌통사정'한다는 느낌이 강하네요. 선생님 말씀대로 와이프에 대한 성적친밀감이 형성되어서 사정후에도 허무감이 없고 오히려 쾌통사정이 될 수 있는 것 같습니다. 정말 감사합니다."

그는 연거푸 감사의 뜻을 전하였다.

내가 부담스러울 정도로 너무나 고마워하는 그를 보면서 이런 문제로 비슷한 고민을 하고 있을, 관계에 위기를 겪고 있을 많은 부부들이 염려되었다. 위기가정을 위해서라도 더욱더 연구에 박차를 가해야겠다는 생각으로 가득하다.

성훈 씨 가정에도 줄곧 성(性)적 평화가 깃들길 기원한다.

이 사례의 성훈 씨는 아내와의 스킬부족으로 다른 변칙적인 성에 빠진 사례였다. 이럴 경우 인턴과 나는 부부 한 명씩을 맡아 스킬 교육을 시켜준다.

정말 놀라운 사실은 정말 많은 부부들이 어떻게 즐겨야 좋은 건지, 뭘하면 좋을지 모를뿐더러, 서로 관계를 25년 씩이나 해도 상대방이 뭘 좋아하는 지 자체도 무지한 부부가 많다는 것이었다.

나와 살고 있는 단 한 사람, 그 사람과 즐거운 성생활을 하면 그보다 좋은 것은 없을 것이다. 상대가 무엇을 좋아하는지 상대에 대한 배려심을 발휘해 연구하고, 탐구해 보자. 지금이라도 늦지 않았다.

– 관계를 들여다보면 당신이 보인다. by MOON

"나쁜 손 원장의 말 못할 고민"

* 접촉마찰 장애(Frotteuristic Disorder)

동의하지 않는 사람에게 자신의 성기나 신체 일부를 접촉하거나 문지르는 행위를 반복적으로 나타내는 경우이다. 이러한 행위는 체포될 염려가 없는 밀집된 지역(예: 대중교통수단, 붐비는 길거리)에서 행해진다. 상대방의 허벅지나 엉덩이에 자신의 성기를 문지르거나, 손으로 상대방의 성기 또는 유방을 건드린다. 접촉행위 중 피해자와 비밀스러운 애정 관계를 맺게 된다는 상상을 하곤 한다.

발병은 보통 청소년기에 시작된다. 대부분의 행위는 15~20세 사이에 발생한다.

권석만 〈이상심리학의 기초〉

* 부부치료와 가족치료 기법

– '지지이해기법'은 상대방의 바람직한 행동, 커플의 협동성, 커플 간의 긍정적 감정을 증가시키려는 목적이 있는 기법이다. 문제해결 기술은 커플에게 긍정적 의사소통 기술을 훈련시켜서 효과적인 의사결정과 타협이 가능하도록 가르친다.

Robert L. Leahy,
〈Cognitive therapy techniques : a practitioner's guide〉 중에서

– '반영적 경청'이란 나 자신의 메시지를 포함하지 않고 상대방의 내면을 비춰주는 거울로서의 역할만을 수행하여 상대방이 말한 메시지를 반영(되돌려)해 주거나 다시 상대방의 말을 확인하는 종류의 언어적 반응이라 할 수 있다.

아래의 예처럼 상대방이 보낸 메시지의 의미를 새로운 표현으로 되돌려 보냄으로써 정말로 상대방의 말을 이해(공감)하고 있고 또 경청하고 있음을 적극적으로 표현하는 방법이다.

예) 자녀: 엄마, 친구가 때렸어요.

엄마: 친구가 때려서 많이 속상하겠구나.

이와 같이 자신의 의견을 말하지 않고 단순히 상대방이 호소해온 메시지의 의미만을 다시 되풀이 해주는 것이다.

-Thomas Gordon, 〈P.E.T〉 중에서-

"저는 요 앞에서 요가학원을 운영하고 있는 박수호라고 합니다. 나이는 42세구요… 다름이 아니라… 이런 걸 말씀드려도 될지…….."

비가 추적추적 내리는 어느 날, 커피3, 프림3, 설탕3스푼 완벽배율의 달달한 다방커피를 마시고 있던 나는 대한민국 평균 아저씨 같은 외모의 박수호 씨와 마주하게 되었다.

내담자와 대각선 옆으로 가까이 앉아 친근하게 상담하는 분위기를 추구하던 나. 그의 맞은편에 있다가 옆으로 자리를 바꿔 앉자, 그는 흠칫 놀라는 눈치이다.

"아, 당황하셨나요? 이렇게 가까이 앉고 눈을 보며 얘기해야 마음도 열고 얘기를 할 수 있죠."

"아, 네… 선생님. 너무 미인이신 분이 가까이 앉으시길래 조금 당황했습니다. 여기 분위기 아주 좋네요. 하하하!"

공허하면서도 흑심이 보이는 웃음을 연타 날리던 그. 손을 잠깐 내 허벅지 쪽으로 뻗는 듯싶더니 이내 다시 고이 가져간다.

'헉, 뭐지? 이 사람. 혹시… 아무래도 도착장애가 의심되는데. 감이 온다.'

머릿속 퀘스천마크 그리기를 몇 번 하다가 이내 자애로운 미소를 지으며 그의 얼굴을 쳐다보았다.

"편하게 얘기하세요. 박수호 씨. 어떤 것이라도 고민이시면 다 말씀하셔도 됩니다. 저는 수호 씨에게 그 어떤 비난이나 충고도 하지 않을 겁니다. 그저 편안히 들어드리고 어드바이스 해드릴게요."

"아… 네. 그럼… 저 사실은, 제가 결혼한 지는 3년 정도 되었습니다. 노총각인데 결혼을 못하고 있자 집에서 부모님들이 베트남 색시를 짝지어 주셨죠. 와이프를 다행히 잘 만난 거 같습니다. 아이 낳고 산후조리 끝나자마자 요가학원에 와서 서무를 봐주고 회원관리를 맡아하고 있어요.

"아, 네… 행복한 가정을 이루신 것 같아 마음이 좋습니다. 그런데 아내와의 성생활에 혹시 문제가 있으신 건가요?"

"아뇨, 그런 건 아니구요… 이건 아주 오래전부터 있었던 일인데… 제가 조금 특이합니다. 제 손을 맘대로 조절할 수 없어요."

"손을요?"

"네… 사실 사춘기 때부터 시작된 병이 있어요. 학창시절에 통학버스가 무지 만원이었는데 어느 날 여학생의 뒤에 섰는데 몸이 접촉되는 느낌이 들자 발기가 되었습니다. 그래서 뭐… 요즘 말로 부비부비를 하게 되었죠. 허허…… 그 이후로는 아침마다 버스에서 부비부비하는 걸 무지 즐기게 되었고, 그 낙으로 학교를 다녔다고 해도 과언이 아닐 겁니다. 제 행위는 점점 더 과감해져서 나중에 손이 허벅지로 가서 여학생을 더듬기도 하고… 가슴을 더듬을 때도 있었구요. 그렇게 학창시절을 보내고 성인이 되어서도 제 행동은 멈추지 않았습니다. 지하철이나, 버스, 붐비는 거리 등… 제가 명동을 무지 좋아라합니다. 허허… 붐비니까요. 아무튼 가리지 않고 가서 밀착자세를 취하고 여자들을 더듬어댔습니다."

"아… 그러셨군요. 계속 그런 행동을 반복해 오셨다면, 혹시 치한으로 몰려 경찰서에 가게 되거나 들켜서 곤란하게 되었던 적은 없으셨나요?

"아, 물론 있었죠. 한 번 어떤 성질 대단한 여자 잘못 건드렸다가 아주 여자가 고래고래 소리지르고 경찰서 가자고 한 적이 있습니다. 그렇지만 저는 거의 완벽을 추구합니다. 요즘 휴대폰 많잖아요. 휴대폰으로 증거를 촬영 못할 정도로 붐빌 때, 주로 밤10시쯤 2호선이 그렇습죠. 그럴 때는 어쩔 수 없이 밀착되니까 여자가 이상한 걸 느끼면서도 피할 공간이 없게 되죠. 그런 곳에서 소리를 지를 정도의 용기를 가진 여자는 거의 없습니다. 대부분의 여자는 피할 공간이 있으면 다른 칸으로 간다든지 하면서 조용히 자리를 이동하는 편이에요. 대놓고 '아저씨, 저 만졌죠?'하는 여자는 거의 없죠. 있어도 제가 무슨 소리하냐고 적반하장으로 나오며 증거를 요구하면 창피해서 울다가 내려버립니다."

"아… 너무 오래전부터 가져온 습관(?)이시라 거의 만성화 되셨군요. 요즘도 비슷하신가요?"

"네. 큰일입니다. 10년 전쯤 인도에 가서 정통요가를 배워왔습니다. 인도에 있을 때는 요가로 수행을 해서 그런지 그런 버릇이 없어졌나 싶었습니다. 인도에서 돌아와 요가학원을 내었고 처음부터 선생 안쓰고 그냥 제가 수련생들 직접 가르쳤거든요. 딱히 규모가 크지는 않아서…… 그런데 문제는 그 버릇이 다시 나타난 겁니다."

"(침을 꼴깍 삼키며) 박수호 씨가 여자들을 만지던 버릇 말씀이세요?"

"네, 맞습니다. 저희 학원엔 여자수련생들이 대부분인데. 요가 가르칠 때 자세교정해 주면서 그녀들을 만지게 되니 나쁜 손 세포가 다시

부활하고 말았지 뭡니까. 한 번은 와이프가 와서 울면서 묻더군요, 동네 아줌마한테 이상한 소리를 들었다며. 그 아줌마가 '찌푸네 아저씨가 요가 가르치면서 막 몸을 만진다네.'라고 했다면서… 아니라고 딱 잡아떼며 자세 교정해 준 거라고 둘러댔지만… 더 이상 이러다간 흉흉한 소문도 그렇고… 회원 한 명이 또 제가 자세교정해주는 장면을 몰래 촬영한 동영상을 갖고 있다고 돈을 요구합니다. 이 영상이 공개되면 요가학원은 망하는 거겠죠? 회원들도 모두 탈퇴할 거구요. 생각이 여기까지 미치니 아주 미쳐버리겠습니다. 선생님…… 제가 달라질 수 있을까요?"

나는 내심 걱정이 되었다. 이상심리학에서는 성기능 장애와 성도착 장애, 성 불편증 등을 하나로 예쁘게 묶어서 '성(性)장애'로 통칭한다. 성기능 장애(조루, 발기부전, 지루, 불감증 등)는 치료가 비교적 용이하다. 그러나 성도착 장애(관음증, 노출증, 접촉마찰 장애, 피학, 가학 등)는 이미 만성화가 되었다면 여간해선 치료가 어렵다는 임상사례들이 있다.

성인이 되어 신체의 키뿐이 아닌 의식의 키도 함께 자라나면서 자연치유될 게 아니라면, 정신병리학적 입장에서는 더 이상 치료가 어렵다고 본다. 성(性)장애계의 암(癌)이라고도 할 수 있다. 사람이 어디 쉽게 바뀌나? 무의식적으로 만성화 된 행동은 성인이 되고 나면 이미 고치기가 너무 어렵다는 것이다.

그러나 내가 누구인가! 뭐든지 말만하면 해결해주는 만능 성심리 상담가가 아닌가? 흠흠. 치료가 되든 안 되든 일단 도전의식을 불러일으키던 내담자 박수호 씨와 나의 인연은 그렇게 시작되었다.

박수호 씨의 심리검사를 실시하였다.

설문지보다 비교적 가볍게 내담자의 심리를 읽어낼 수 있는 모래놀

이치료를 통해 검사를 하였다. 모래놀이 심리치료는 특히 아동들이 무지 좋아하는 심리치료이다.

모래로 가득한 박스 안에 각종 조그만 피규어를 장식하고 물도 부어보기도 하여 심리진단을 할 수 있을 뿐 아니라, 부드러운 모래의 촉감을 이용하여 내담자의 심리치료까지 되는 그야말로 비언어적 치료로써 광범위하게 사용되는 방법이다.

워낙 촉각이 발달되었을 법한 박수호 씨를 위한 맞춤진단법이었다.

"자, 수호 씨가 지금 뭘 하고 싶은지 이 상자 안 모래를 가지고 맘대로 만들어 보세요. 물도 사용하실 수도 있고 여기 피규어 인형들로 수호씨를 표현하여도 좋습니다."

박수호 씨는 처음에는 아이들 노는 놀이를 왜 가져다주나 하는 눈으로 멀뚱멀뚱 쳐다만 보다가 이내 물도 붓고 모래언덕도 쌓으며 진지하게 열중하는 모습을 보이면서 뚝딱뚝딱, 결국은 모래상자를 완성하였다.

심리분석결과 피규어와 작품이 오른쪽 하단으로 치우쳐 있었는데, 이는 세상과 고립되고 동떨어지고 싶은 박수호 씨의 우울한 심리를 반영하는 듯 보였고, 가운데 물을 부어 웅덩이를 파놓고 물을 바라보고 있는 자아를 대변하는 피규어는 그 안에 들어가 꽁꽁 숨어버리고 싶다는 수치심으로 인한 회피욕구를 나타내고 있었다. 스스로도 잘못된 일인 걸 알고 이제는 그만하고 싶지만, 그만 두지 못하는 나쁜 손 때문에 곤경에 처하게 되었고, 나쁜 손 영상공개로 협박하는 요가회원에게 돈까지 입금해줘야 하는 사태이다 보니 가족에게도 고민을 털어놓지 못하고 스스로 끙끙 앓고 있는 상황에서 도피하고만 싶은 심리로 분석되었다.

일단 수호 씨의 내면을 꺼내보았으니 이제 치료를 할 차례이다.

"수호 씨, 아내 찌푸를 사랑하죠? 딸 지연이도 사랑하구요."

"네… 남들은 베트남 색시라고 곧 도망갈 거라고 많이들 우려했었는데 우리 찌푸는 그런 사람이 아닙니다. 저만 바라보고 열심히 사는 정말 착한 아내죠. 그렇지만 동영상이 공개되어 아내가 그동안 들어왔던 소문에 확신을 갖게 되면…… 저를 떠나 베트남으로 돌아가는 최악의 상황을 상상합니다. 지연이를 데리고 가겠죠? 하루아침에 혼자 남겨지는 악몽을 꾸다가 소리를 지르며 잠에서 깰 때도 있어요.."

"흠… 아내가 지연이를 데리고 말없이 고국으로 돌아갈까 봐 걱정이 되시는 거군요."

"네, 맞습니다. 가장 최악의 시나리오는 그것입니다. 대규모 성추행 소송이야 뭐 몇 년 살다나오면 되지만, 아내가 도망갈까 봐 그게 제일 두려워요."

"그러시겠군요. 충분히 공감합니다."

공감과 지지의 따뜻한 표정과 제스쳐를 그에게 보여주니 불안에 떨던 그의 표정이 조금 누그러지는 듯 했다. 정말 아내와 아이를 사랑하는 평범한 가장이라는 걸 나 또한 감정의 전이를 받아왔기에 충분히 알고 있었고, 수호 씨의 악몽과 괴로움들에 가슴 저편이 아려왔다.

나쁜 손에 나쁜 맘까지 갖고 있는 사람이라면 소송 걸려 옥살이 하는 게 제일 걱정이었을 것이고, 이 나쁜 손에 대한 죄책감을 갖지도 않았을 것이다. 성도착자들은 스스로 심각성을 크게 느끼지 못한다. 대부분 주변인이나 경찰에 의해 이끌려서 상담치료를 받으러 온다. 이렇게 수호 씨처럼 직접 SOS를 요청하는 경우는 매우 드문 케이스이다. 그들은 그냥 본인의 성적 취향이 특이할 뿐이라고 생각하고, 치료도 필요없다고 느끼며, 누군가에게 현장을 잡히면 재수 없이 걸렸다고만 생각한다. 그래서 성 이상행동 장애는 고치기 가장 어려운 암(癌)적

존재라고 굳이 표현하는 것이다. 평생 개 버릇 남 못 주기에.

그러나 수호 씨는 달랐다. 뼈저리게 후회하고 있고 스스로 손목을 자르려고 시도도 했을 만큼 죄책감을 느끼고 있었고 잘못된 행동이라는 걸 인지하고 있었다. 그리고 필사적으로 가정을 지키고 싶어했다. 이럴 때 심리치료가 위력을 발휘한다.

"수호 씨가 가장 두려워하는 것이 아내가 알게 되어 떠나는 거죠… 알겠습니다. 그러면 일단 아내분을 따로 이쪽으로 오시라고 하는 게 어떨까요. 수호 씨의 손 얘기는 일체 꺼내지 않겠습니다. 예약을 잡고 일단 오늘은 돌아가시구요. 맘 편하게 계세요. 걱정하시는 최악의 상황은 일어나지 않을 겁니다. 그리고 그 여자회원은 얼마를 요구하나요?"

"아, 네. 그럼 일단 선생님만 믿겠습니다. 와이프보고 다음 주에 저 대신 상담을 오게 하죠. 그리고 그 여자회원은 큰돈은 아닙니다. 천만 원을 요구하네요. 그 정도야 뭐 줄 수 있습니다."

"네, 그렇지만 그 여자회원분도 협박죄가 성립될 수 있고 불법 동영상 유포로 법에 저촉되는데…… 처벌 안 해도 정말 괜찮으시겠어요? 물론 결정은 수호 씨가 하시는 겁니다만."

"네… 괜찮습니다. 그동안 저 때문에 알게 모르게 수치심을 느꼈던 회원들에 대한 보상금액이라고 생각하려구요. 그리고 저도 이렇게 한 번 벌을 받아야 돈 생각나서라도 다시는 그러지 않을 것 같아요. 저에게도 경각심이 드는 게 필요하니까요. 이렇게 인생공부 제대로 함 하는 거죠. 수업료 톡톡히 치르고요."

"그렇게 생각하신다면야 더 이상 저도 말씀 안 드리겠습니다. 그러면 요구하는 대로 주시고, 대신 영상파일은 확실히 지우는 거 그 자리에서 확인하시구요. 복사해 두었다가 나중에 또 협박할 우려도 있으니

문서나 각서를 적어서 받아두시고 공증까지 해두세요. 후에 뒤탈이 없어야 합니다. 그리고 그 회원 탈퇴하는 걸 조건으로 하시고, 소문을 낸다거나 협박을 하거나 수호 씨에게 안 좋은 영향이 가지 않도록 잘 처신하셔야 합니다.”

“네, 물론입니다. 저도 철두철미한 구석이 있는 사람이니까 너무 걱정 안하셔도 됩니다. 선생님.”

상담소를 나가는 수호 씨의 뒷모습이 한결 가벼워 보였다. 내담자가 이렇게 두말 않고 비밀이 알려질까 가장 두려워하는 대상인 와이프를 나에게 보낸다는 것은, 그만큼 수호 씨와 나와의 사이에 라포(신뢰)형성이 이미 두텁게 되었다는 증거라 여겨져서 나도 내심 흐뭇하였다.

다음 주에 있을 수호 씨의 아내와의 상담을 기다리며, 외국인에게 이런 것을 어떻게 납득을 시키고 이야기를 잘 풀어나갈지 걱정이 내심 되었지만 말이다.

“여기가… 박수호 아저씨 다니는 상담소에요?”

베트남? 미얀마? 말레이시아? 잘 모르겠으나 아무튼 한 눈에 보기에도 깡마른 동남아 여성이 아이를 업고 나타났다.

“아! 찌푸 씨죠? 안녕하세요. 저는 문지영 소장입니다. 아기 데리고 오시느라 고생 많으셨어요.”

“아, 네. 안녕하세요.”

검은 피부라 더 대조되는 유달리 하얀 이를 드러내며 찌푸 씨가 활짝 웃는다. 어린 나이 같았지만 그녀의 미소 끝에는 고단한 삶을 증명이라도 하듯 주름이 자글자글 잡혀있었고, 그동안 맘고생 꽤나 한 느낌도 스쳐지나갔다. 이런 사람의 감정 같은 건 상담사의 직감으로 대번 알 수 있다.

“우리 아저씨가… 여기… 나보고… 오라고 해서요.”

한국에 온 지 삼 년이 채 안되었기에 더듬더듬 거리는 어색한 발음의 한국어를 들으니 그녀에게 연민이 물밀듯이 느껴졌다. 타지에서 적응하느라 얼마나 힘들고 외로웠을까. 그러나 상담사는 내담자에게 느껴지는 개인적인 감정을 절대로 겉으로 드러내서도 안 되고, 또한 그런 감정은 얼른 지워버려야 객관적인 시각에서 상담에 잘 응할 수 있기에, 나는 이내 연민이라는 감정을 얼른 지워버리고 상담에 집중하기로 했다. 그녀와 수호 씨의 딸 지연이는 등에 업혀 곤히 자고 있었다. 긴 속눈썹. 흰 피부가 참 예쁜 아기였다.

“아기가 잘 자네요. 참 순해보여요.”

“네… 아주 착해요… 지금은 자는 시간…….”

아기는 상담소 내 아기동반 내담자를 위한 간이침대에 조심스럽게 눕히고, 나는 찌푸를 내 대각선 옆으로 앉게 했다.

“찌푸 씨, 남편분이 찌푸 여기 오라고 하면서 뭐라고 말씀하시던가요?”

“아… 그냥 가보라고. 찌푸가 힘든 것 같다고… 가면 예쁜 선생님 있는데…… 그 선생님한테 하고 싶은 말 다하라고.”

“네, 찌푸 씨. 맞아요. 맘을 편하게 갖고 지금부터 하고 싶은 얘기 저한테 다 하시면 돼요. 저는 비밀 보장하니까요. 남편 분에게도 찌푸 씨 비밀, 절대 말하지 않아요. 그러니 안심하고 얘기해 봐요. 한국에서 뭐가 제일 힘들고 어렵고 요즘 남편하고 시댁과의 사이는 어떤지, 뭐 그런 거요. 여기 와서 친구도 만나기 힘들었을 텐데… 그동안 외로웠잖아요. 찌푸, 제 말이 맞나요?”

“…….”

“찌푸? 괜찮아요?”

찌푸는 고개를 푹 떨구더니, 이내 눈물이 그렁그렁한 눈으로 날 바라보며 드디어 입을 떼기 시작했다.

"나 우리 아저씨 미워. 나 얘기 다 들었어. 다른 아줌마들한테."

"찌푸, 그게 무슨 말이에요?"

"우리 아저씨가 학원 여자들 히프, 젖 만진다고. 다 들었어요."

"……그랬군요. 그런 이야기를 다른 사람을 통해 들었을 때 찌푸 많이 속상했겠어요."

찌푸는 이내 엉엉 소리내어 울기 시작했다. 나는 우는 찌푸를 내 가슴에 머리를 묻게 하고 등을 토닥토닥 하며 달래주었다.

"많이 힘들었죠. 찌푸, 엄마 아빠도 보고 싶고. 그쵸?"

"엉엉…… 선생님… 나… 아저씨 하나 믿고 여기 온 건데… 흑흑 흑…… 나 일하면서도 우리 아저씨가 다른 여자 만지는 거 봤어요. 내 눈으로 봐서 알고 있는데, 딴사람들도 아니까 아저씨가 너무 미워요. 근데 나한테 '찌푸야, 미안해' 안 해. 그래서 더 미워. 흑흑흑……."

"…그랬군요. 찌푸 마음 알겠어요. 맘이 많이 속상했을 거예요. 더군다나 미안하다는 말도 못 듣고…… 찌푸가 직접 본 건 남편한테 얘기했어요?"

찌푸는 고개를 절레절레 하며 눈물을 훔쳤다.

"아니, 근데… 나 아저씨 사랑해요. 지연이도 사랑하고. 시엄마도 좋아요. 그리고 여기 한국생활 이제 괜찮아요. 이제 좋아져요. 근데…… 아저씨가 자꾸 딴 여자 만지는 건 싫어요. 찌푸 슬퍼요."

"음… 알겠어요. 아저씨가 이제 다른 여자 안 만졌으면 좋겠고, 찌푸한테 사과했으면 좋겠다는 거죠. 그러면 찌푸도 다른 생각 안하고 지금처럼만 한국에서 열심히 살 수 있겠어요?"

"…… 네…… 나 우리 가족 좋아. 아저씨 좋아. 지연이 좋아. 그래서 한국 좋아."

　찌푸는 울음을 그치고 물기 어린 눈으로 내 눈을 지그시 응시했다. 순간 나는 읽을 수 있었다. 찌푸는 절대 수호 씨를 내팽개치고 베트남으로 혼자 돌아갈 사람이 아니라는 것을. 그녀는 수호 씨가 진심어린 사과를 하고, 뉘우치고, 다시는 그러지 않을 것을 약속한다면… 지금처럼 열심히 아이를 키우며 한국생활을 하고 싶다는 감정을 정말 간절히도 나에게 호소하고 있었다.

　찌푸가 먼저 이 사실을 거론하지 않았다면 그녀의 내면을 꺼내기가 힘들었을 수도 있다. 외국인인데다 한국생활이 얼마 되지 않아서 내재된 불신감이 마음의 빗장을 걸어 잠그게 했을 수도 있다. 그래서 오히려 그녀가 이미 다 알고 있는 것이 잘 된 일일지도 모른다는 생각을 했다.

　이제 상담사의 할 일은 하나, 다음에 수호 씨와 찌푸를 함께 커플 상담하며 치료하는 것이다. 그 전에 수호 씨와 상의를 해야 한다. 찌푸는 수호 씨의 다음 방문 예약일을 대신 잡고 집에 돌아갔다. 다다음 주에는 수호 씨와 함께 한 번 더 상담 올 것을 약속하고 갔다. 아이를 업고 돌아서는 찌푸 씨의 표정이 한결 가벼워보였다.

　얼마나 속으로 끙끙 앓았을까. 알면서도 내색 못하고 따지지도. 울지도 못하는 그 심정, 나에게 오늘 얘기하면서 그동안 가슴깊이 내재되어있던 설움을 어느 정도 꺼내놓고 해소했기 때문에 그렇게 표정이 밝아진 것이다. 이러한 감정적 카타르시스를 일단 느끼고 나면 누구나 맘이 편안해진다. 그래서 우울하고 힘들 땐 누구한테라도 털어놔야 하는 것이다. 혼자 차곡차곡 쌓아놨다가는 나중에는 엄청난 위력을 가진 화(火)로 폭발하게 되기 때문이다.

찌푸가 돌아간 후 수호 씨가 예약일에 상담소를 다시 찾아왔다.

"수호 씨…… 찌푸 씨가 알고 있어요. 이미 동네분들한테 들었나 봐요. 수호 씨 앞에서 내색 안하려고 노력한 듯한데… 수호 씨는 알고 있었나요?"

수호 씨는 고개를 푹 떨구고 침묵하다가 이내 힘겹게 입을 떼었다.

"그랬군요…… 찌푸가 다 알고 있었군요… 혹시 선생님께 베트남으로 돌아가겠다고 안 하던가요? 저랑 못 살겠다고 안 하던가요?"

나는 불안감에 젖어든 수호 씨의 눈빛을 보며 그를 최대한 안심시키는 것이 급선무라는 판단을 했다.

"아니에요. 찌푸 씨는 가정을 지키고 싶어해요. 한국생활도 좋다고 하고 적응도 잘하는 것으로 보입니다. 그러나…… 상처를 받은 건 확실한데 그것을 내색을 안하려하니 더욱 힘들었나 봐요. 지금 두 분 관계회복에 가장 필요한 건, 수호 씨의 진심어린 사과입니다. 말 꺼내시기가 어려우시면 다음 주에 두 분이 함께 내원하세요. 제가 사과할 기회를 만들어 드리겠습니다. 단, 정말 진심을 담아 참회하셔야 하고, 앞으로 다시는 그러지 않을 거라는 확신을 주셔야 됩니다. 그리고 가장 중요한 건 내색 못하고 속앓이했던 찌푸 씨의 마음을 헤아려주세요. 아셨죠?"

"네, 말씀대로 하겠습니다."

나는 수호 씨에게 찌푸에게 사과하는 방법을 순서대로 어드바이스 코칭해 주고 나서 수호씨를 배웅했다.

마침내, 두 사람의 예약일이 다가왔다. 눈부신 아침이었다. 부부의 따뜻한 화해 모습을 상상하며 드는 기분 좋은 느낌에 내 가슴은 설레고 있었다.

"선생님, 저희 왔습니다."

아기 지연이를 업은 찌푸와 수호 씨가 함께 들어왔다. 지연이가 안자고 있어서 조금 얼러주고 놀아준 뒤, 인턴상담사에게 지연이를 맡기고 커플상담을 시작했다.

'아… 제발, 수호씨가 그 때 코칭해 준 대로 사과를 잘 해야 할 텐데.'

마음 속 걱정이 앞섰지만, 두 부부의 얼굴을 보니 어느덧 그런 걱정이 사라지고 있었다. 찌푸도 2주전과 다르게 조금은 평온한 얼굴이었고, 수호 씨도 약간 긴장한 듯 보였으나 대체로 편안해보였다.

상담사가 캐치해야 할 부분은 내담자의 언어뿐만 아니라 언어속의 내포된 의미, 비언어적인 요소(표정, 말투) 모두이다. 마음을 열기 전 내담자는 내면에 방어막을 치고 '알아서 맞춰봐'라는 태도로 상담에 임하기도 한다. 마치 상담사가 역술인이라도 되는 것처럼 말이다. 따라서 상담사는 특유의 '촉'과 '세심한 감성'이 어느 정도 뒷받침 되어 있어야 하고, 또한 섬세하게 내담자의 표정 하나하나를 읽어내려갈 수 있어야한다. 표정과 행동, 언어 이 모든 걸 조합해야 비로소 제대로 된 상담이 되고 치료가 된다.

"자, 찌푸 씨. 사실 수호 씨가 찌푸 씨한테 하고 싶은 말이 있는가 봐요. 찌푸 씨는 지금부터 수호 씨가 하는 말에 '아, 그렇군요.'라고 무조건 지지하고 이해해주세요.(지지이해기법)."

그리고 수호 씨에게는 찌푸가 하는 말에 한 번씩 요약해서 반응하는 '반영적경청 기법'으로 이야기 하라고 지난 회기에 당부해 두었었기에, 눈을 찡끗하며 잘 할 수 있겠냐는 퀘스천 신호를 주었더니, 수호 씨가 알겠다는, 걱정 말라는 눈빛을 보내온다.

먼저 수호 씨부터 시작하였다.

"찌푸, 나 정말 미안해. 사실은… 나 요가학원에서 회원들 몸을 만졌던 게 사실이야…… 찌푸에게 정말 미안하고, 무척 후회하고 있어. 앞으로 다시는 그러지 않을 거야. 찌푸…… 날 한 번만 믿어줄 수 있을까? 나에게 한 번만 기회를 줄 수 있을까?"

"……."

"찌푸… 제발…… 난 찌푸와 지연이, 우리 가족 정말 사랑해. 찌푸 없이는 이제 못 살아. 찌푸한테 상처를 줘서 미안해. 그래서 앞으로는 안 그럴꺼야. 난 찌푸만 영원히 사랑해. 내 말을, 내 진심을 믿어 줘."

"흑흑흑……."

찌푸가 잠시 고개를 떨구더니 이내 어깨를 들썩이며 오열하기 시작했다. 수호씨도 울기 시작했다. 지켜보는 나도 눈물이 나왔다.

수호씨는 정말로 본인의 행동을 깊이 반성하고, 참회의 눈물을 흘리고 있는 것 같았다. 나는 지금 수호씨가 흘리고 있는 저 눈물이 영혼 없는, 연출된 눈물이 아님을 직감할 수 있었다.

오열하던 찌푸가 힘겹게 입을 열었다.

"흑흑…… 여보, 나도 여보 사랑해요… 근데 아줌마들한테… 흑흑… 얘기듣고 많이 슬펐어요. 여보가 안 그랬으면… 좋겠어요……."

"응… 우리 찌푸 아줌마들한테 얘기 듣고 많이 힘들었구나. 힘들고 슬펐구나……."

오, 내가 일러둔 반영적 기법으로 수호씨가 이야기를 아주 잘 풀어가고 있었다.

"응, 정말 슬펐어요. 많이 울었어요. 여보……."

"우리 찌푸가 슬퍼서 많이 울었구나."

"네…… 여보… 안아주세요."

둘은 내 앞에서 회한과 눈물범벅이 된 포옹을 하였다. 비록 찌푸의 한국어 표현이 조금 부족해서 말이 길게 이어지진 않았지만…… 그래도 찌푸는 수호 씨를 지지하고 이해하는 데 막힘이 없었고, 수호씨도 마찬가지로 찌푸의 말에 반영적 경청을 잘 해주어서 두 사람은 이렇게 상처에서 벗어나고 있었다.

이렇게 내면을 꺼내서 대화를 하면 될 것을. 수호 씨는 찌푸가 떠날까 두려운 마음에 말을 못 하고 있었던 것이고. 반대로 찌푸는 본인이 안다는 것을 알면 수호 씨가 상심할까 봐 서로 말도 못하고 벙어리 냉가슴 앓으며 그 고생을 해 왔던 것이다.

진심은 진심이 알아본다. 뭐든 진심어린 대화로 풀어서 안 될 것이 없다.

아이를 업고 한껏 밝아진 얼굴로 다정하게 상담소를 나가는 수호 씨 가족을 배웅하면서 상담사로서의 뿌듯한 자긍심이 충만함을 느꼈다. 한 남자와, 한 가정을 또 위기에서 구했구나.

다른 가정을 위기에서 구했으니, 오늘은 내 가정을 살뜰히 잘 살펴주어야겠다.

성도착장애의 한 부분인 접촉마찰장애 사례인 이 이야기는 요가학원을 운영하는 한 남자와 동남아에서 시집온 아내의 이야기로 구성되어 있다.

위에서도 언급했듯이 성도착장애는 상담하기 가장 까다로운 부분이면서도 참 많은 상담영역과 부분을 차지하는 파트이다. 그만큼 비슷한 고민을 하고 있는 분들이 많을 것으로 사료된다.

일단 성도착장애는 스스로의 자각이 매우 중요하다. 이야기의 주인공 수호 씨 같은 경우는 스스로 본인의 행동을 뉘우치고 자각하고 있었으며, 아내와의 관계를 잘 풀어보고 싶었으나 대화로 풀지 못했던 경우이다. 이럴 때 상담가는 부부의 내면을 각각 끄집어낸 후 서로 대화로써 풀게끔 다리 역할을 잘 해주면 된다.

얼마나 많은 부부들이 서로 대화나 소통을 제대로 못 해서 오해하고 헤어지는지 이번 사례로도 충분히 짐작을 할 수 있을 것이다. 관계란 대화로 풀어야 하는 것임을 다시금 상기시켜준 사례였다.

- 관계를 들여다보면 당신이 보인다. by MOON

"엄마의 속옷냄음을 맡으면 성적이 오르는 남학생"

* 성애물 장애

 DSM은 미국정신의학회가 발표하지만 전세계에서 정신질환의 진단 기준으로 통용된다. 새로 개정된 DSM-5에서는 무생물인 물건 (예 : 여성 내의, 스타킹, 신발 등)을 중심으로 성적인 흥분을 강하게 일으키는 공상, 성적 충동, 성적 행동이 반복되며 적어도 6개월 이상 지속될 때 성애물 장애라고 부른다. 이러한 공상, 성적 충동, 행위가 임상적으로 심각한 고통이나 사회적, 직업적, 또는 기타 중요한 기능 영역에서 장애를 초래한다.

권석만 〈이상심리학의 기초〉

'따르르릉~'

"네, 문지영의 성인심리상담소 인턴 양선중입니다."

"……."

"여보세요? 말씀하세요."

"…… 저기… 문지영 선생님 계신가요?"

"아, 선생님이요? 잠시만 기다려주세요."

 인턴사원이 나에게 전화기를 넘겨주자 전화기 너머로 들려오는 앳된 남학생의 목소리. 이제 고등학생이나 되었을까? 그 남학생은 내가 전화를 건네받았는데도 주저주저 머뭇머뭇하면서 말을 못한다.

 "편하게 말씀하세요. 괜찮아요."

 "저… 선생님… 사실은 제가 고3인데요…… 엄마 팬티 냄새를 맡아야 시험을 잘 보게 돼요. 이번에 수능이 얼마 안 남았는데…… 이번에도 엄마 팬티를 찾아야 하는데, 엄마가 눈치를 채셨는지 속옷이 전부 안 보여요. 어떡하죠? 사실대로 엄마에게 이야기해도 될까요? 너무 고민이에요. 공부하는 것도 머릿속에 안 들어오고 요즘 너무 고민이에요."

나는 약간의 쇼크를 받았지만 이러한 정신역동을 내색하면 안 되기에 침착하게 대화를 이어나갔다.

"학생, 방문하는 건 어려운가요? 와서 상담을 받는 게 좋을 것 같아요."

"너무 창피해요…… 못 가겠어요."

"괜찮아요. 여기서 학생에게 뭐라고 할 사람도 아무도 없고 흉볼 사람도 없으니 편하게 오세요. 언제가 좋을까요?"

"잠시만요, 선생님. 제가 생각해보고 다시 연락드릴게요."

끊어진 전화기를 내려놓고나서 생각해보니 상담생활 몇 년 만에 참 드문 경우라는 생각이 들었다. 어떻게 보면 일반인에겐 정말 충격적인 내용인 것이다. 상담사로써 그 학생이 걱정되어서 견디기 힘들었다.

이렇게 무생물인 물건을 보고 흥분하는 경우 성애물 장애라고 일컫는데, 대부분 성애물 장애는 남성에게 증상이 있다고 보고된 바 있으며 스타킹이나 여성 속옷, 하이힐 등이 흔한 대상이다.

그런데 왜 하필 엄마의 속옷을?

아무래도 수능을 앞두고 있는 학생이다 보니 여성 속옷을 구하기가 쉽지 않았을 것이고 가장 쉽게 구할 수 있는 것이 엄마의 속옷이었기에 그럴 수 있다. 그리고 이 학생의 문제는 지금 또 시험을 봐야 하는데 엄마의 속옷이 눈에 안보이자 극도의 불안증세를 느끼고 있는 것으로 보였다. 시험을 보기 전에 집중치료로 이 성애물 장애를 치료하고, 시험을 잘 볼 수 있도록 해 줘야 할 텐데.

나는 마음이 급해졌다. 수능이 있는 11월까지 2개월 남짓 남은 때였다. 일주일에 두 번씩 집중코스로 15회 정도 치료받으면 엄마의 속옷 없이도 시험을 잘 볼 수 있을 것이다.

그렇게 초조하고 안타까운 마음으로 다시 전화오기를 기다리고 있던 어느 날, 지루증 내담자와 상담하고 있는데 인턴선생이 사내메신저를 띄웠다.

'소장님, 그 때 걱정하시던 그 학생이 찾아왔습니다. 제가 1차 상담을 하려고 했더니 선생님을 꼭 만나야겠다고 하네요. 어떡하죠?'

'지금 내담자의 상담이 다 끝나가니 20분 정도 기다리면 될 텐데. 아, 그동안 심리검사 간단한 거 하나만 풀게 해 주세요.' 라고 답변을 남기고 상담을 마무리 지었다.

내가 인턴에게 상담이 끝났다고 전하자 그 아이가 방으로 들어왔다. 안경을 쓰고 깔끔한 체크남방에 길쭉길쭉한 팔다리, 얼굴에는 '나 모범생이야.' 라고 쓰여 있는 듯했다.

"어서 오세요, 반가워요. 문지영 소장입니다. 이리로 앉으세요."

학생을 내 대각선 맞은편 소파에 앉힌 후 이름을 물어봤다. 그리고 어쩌다 그런 취향을 갖게 되었는지도 차근차근 얘기해 달라고 하였다.

학생의 이름은 장한별. 이 앞 인문계 명문남고에 다니는 3학년 학생이고 반 석차가 1,2등을 왔다갔다하며, 전교석차는 10등 안에 들 정도로 공부도 꽤 잘하는 학생이었다.

아빠와 엄마는 본인이 여섯 살 되던 해에 이혼했고 그 후로는 엄마와 단 두 식구만이 함께 생활했다 한다. 엄마는 보험회사 영업을 하면서 악착같이 한별이를 키워냈고 현재는 큰 보험회사의 이사까지 올라가 비서까지 두고 있을 정도이다.

한별이는 늘 바쁜 엄마 때문에 혼자 집에 있었지만, 다행히 엄마의 수입이 좋아서 각종 과외나 학원 등 공부를 뒷받침할 수 있는 환경은 조성이 되어 있었다. 더군다나 보험회사에서 성과위주의 일을 해 온 억척스러운 엄마라 한별이에게도 마치 실적 1위를 요구하듯 늘 학업 1등을 기대해 왔고, 이런 엄마의 기대에 부응해 본인 스스로도 열심히 공부하여 1등 자리는 웬만하면 놓치지 않고 살아온 한별이었다.

한별이는 그 날 밤 이리저리 뒤척거리길 여러 번, 잠 못 들고 있다가 시계를 보았다. 이미 밤12시가 훌쩍 넘어 새벽 한 시가 다 되어가고 있었다.

엄마 방 근처에 가보았다. 엄마의 쌔근쌔근 숨소리가 들렸는데 깊은 잠에 빠져 계신 듯하다. 다시 자기 방으로 돌아온 한별이는 컴퓨터를 켰다. 그리고 '여자섹시속옷'이라는 검색어로 인터넷 검색을 하기 시작했다.

그런 속옷을 파는 인터넷 사이트도 많았지만 대부분 19금 표시와 함께 성인인증이 필요했다. 하는 수 없이 간단한 속옷 이미지들만 검색하며 사진을 켜놓고 한별은 자위를 시작하려 성기를 꺼냈다. 그런데 사진만 보며 100프로 흥분이 되기엔 2프로 부족한 느낌이 있었다.

'아… 실제로 저 속옷들을 만져봤으면…… 냄새도 맡고 싶다. 얼마나 향기로울까 궁금하다.'

자위를 하려다 말고 한별은 세탁기와 세탁물이 있는 다용도실로 자연스럽게 향했다. 그리고는 세탁바구니를 뒤졌다. 마침 엄마가 아까 저녁때 샤워하며 벗어놓은 듯한 속옷이 손에 잡혔다. 한별이는 냉큼 코로 가져가 냄새를 맡았다. 속옷에서 풍겨오는 여자냄새에 엄청난 흥분감이 머리끝까지 쭈뼛하게 만들 정도로 깊이 전달되었다. 일단 브래지어와 팬티를 챙겨서 방으로 살금살금 들어왔다. 그리고선 팬티를 얼굴에 마구 부비고 감촉을 느껴보았다. 역시나 부드러운 황홀감을 주었다. 눈으로 보기에도 하늘하늘 선녀 옷 같았는데 실제 만져보니 그 촉감은 더욱 하늘거렸다.

더 이상 참을 수가 없었다. 엄마 팬티를 본인의 빳빳해진 물건 위에 감싸쥐고 브래지어는 보기 편한 위치에 내려놓고서는 자위를 하기 시작했다. 그러고는 얼마 지나지 않아 한별이는 사정을 하며 푹 앞으로 꼬꾸라졌다. 야동을 보며 자위하던 그 느낌과는 확연히 달랐다.

실제로 속옷에 밴 여자 향을 맡으며 자위하니 섹시한 속옷을 입은 여자랑 관계하는 느낌이 들 정도로 구체적이며 사실적인 기분이 들었다.

그 날 이후로 한동안 한별이는 공부에 집중할 수가 없었다. 독서실에 가도, 학원에 가도 눈 앞에 하늘하늘한 레이스 속옷이 춤을 추고 있었다. 정말 이러다가 1등을 놓칠 것만 같았다. 엄마는 엄마의 휴가 기간 내내 일찍 들어오는 한별이한테 물었다.

"한별아, 요즘 슬럼프니? 엄마랑 내일 한의원 가서 약 좀 지어먹자. 네가 요즘 너무 더워서 영 기운이 안 나는가 보다."

다음날 엄마 손에 억지로 끌려간 한의원, 가뜩이나 원기왕성한 한별이에게 기력왕성해지는 한약이 처방되었다. 약을 먹으니 거의 24시간 내내 성기가 발기되는 느낌이다.

한별이는 괴롭고 또 괴로웠다. 밤이면 밤마다 엄마가 잠들길 기다렸다가 빨래바구니를 뒤져 엄마 속옷을 찾아 자위하는 것도 하루 이틀의 일이 아니었다. 기력회복 한약을 먹으니 성욕은 더욱 용솟음쳤다.

그렇게 괴롭게 하루하루를 보내자 학교는 개학을 했고 어느덧 추석 명절 전 중간고사 기간이 다가왔다. 사실 중간고사보다 더 큰 시험인 수능이 남아있었지만, 내신 성적도 좋아야 하기에 중간고사도 중요하다. 늘 1등급 자리만 지키던 한별이는 자위에 빠져 허우적거리는 본인이 문득 한심하게 느껴졌다.

'중간고사를 못 보면 엄마가 실망하실 텐데…….'

어렵지만 스스로 결심했다. 다시는 엄마 속옷냄새 맡으며 자위하지 않고 시험공부에만 열중하기로.

한별이는 그렇게 억지로 다시 공부에 열중하기 시작했다. 새벽에 공부하다가 다용도실 빨래바구니 쪽으로 가고 싶은 충동을 몇 번이고 간신히 억누르며 공부에만 집중하려고 노력했다.

드디어 중간고사가 시작되었다.

서울대는 내신 전과목이 중요했다. 특히 국사도 잘 봐야 한다.

문과인 한별이는 첫 날 국어부터 시험을 보는데, 갑자기 이상한 현상이 생겼다. 분명히 엊그제 여러 번 공부한 내용이 아리송해지는 현상이 생긴 것이다.

한별이의 공부습관은 예습, 복습, 학교, 학원 수업 등 기본에 충실해서 기본기가 단단한 스타일이었다. 따라서 시험을 보는데 미처 공부 안 한 부분에서 문제가 출제되면 아예 모르는 문제가 있었어도, 이렇게 알송달송한 문제들이 나타난다는 건 기초가 탄탄한 한별이에게 여태까지 없었던 현상이다. 아무리 기억을 떠올려 보려 해도 답이 2번인지, 3번인지 확실하지가 않았다. 그렇다고 문제를 꼬아놓은 것 같지도 않다.

한별이는 초조해지기 시작했다. 식은땀이 뻘뻘 흘렀다. 얼굴은 달아오르고 시계초침 소리만 크게 들리는 것 같았다. 그러면서 갑자기 엄마의 속옷 냄새가 마구 그리워지기 시작했다.

'자, 종료 10분 전이다. 마무리하도록!'

감독관 선생님의 말씀이 마치 꿈속에서 들리는 듯했다. 무려 다섯 문제나 헷갈린다. 다시 확인해보려고 별표 체크해놓았던 문제들이 다시 보니 더 헷갈렸다.

지금까지 없었던 현상이라 한별이는 크게 당황했다. 거의 울기 직전이었다. 완벽주의에 기본기가 탄탄한 한별이에게는 생소한 현상이라 다섯 문제에 대한 집착의 끈을 도저히 놓아버릴 수 없었다.

어떻게든 완벽하게 마무리해서 제출해야한다.

'5분 전!'

시험이 쉬웠는지 이미 많은 친구들이 복도로 나간 상태이다. 교실 안에는 이제 평소에도 제일 마지막까지 남는 다른 한 친구와 한별이밖에 없다.

이윽고 1분밖에 안 남았을 때 한별이는 가까스로 죽상이 된 얼굴을 하고 답안지를 제출했다. 그리고 나서 본 국사와 예체능 한 과목. 모두 비슷한 현상이 생겼다.

독서실에 다녀오자 엄마가 반색을 하며 물으신다.

"한별아, 시험 잘 봤어? 어땠니? 이번 시험은."

"……엄마, 저 빨리 내일 시험 준비할게요. 그리고 나중에 말씀드릴게요."

"흠… 그래, 알았어. 과일 줄까?"

"아뇨…….."

축 처진 어깨로 문을 쾅닫고 들어가는 한별이의 뒷모습을 보면서 엄마는 걱정은 되었으나 더 이상 붙잡고 물어볼 수가 없었다. 그저 애가 고3이라 스트레스를 받아서 그러려니 하고 넘기기로 하고 다음날의 일을 위하여 엄마는 먼저 잠자리에 들었다.

그 날, 한별이는 곰곰이 생각했다.

'도대체, 왜! 왜! 뭐가 문제인거지?'

그러다가 오늘 시험 문제를 풀 때 줄곧 엄마 팬티냄새가 그리웠던 게 생각이 났다.

'아… 내가 공부한다고 한 달간 속옷 냄새를 못 맡았더니 그런가?'

한별이는 본인도 모르게 다용도실로 가서 세탁바구니를 뒤지기 시작했다.

'있다, 있어!'

신대륙을 발견한 콜럼버스인 양 벅찬 표정을 지으며 얼른 속옷을 가지고 방으로 들어왔다.

'얼마 만에 맡는 냄새냐……'

이미 딱딱해지고 쿠퍼액까지 흘리게 된 한별이의 물건. 흥분의 도가니 속에서 한별이는 그렇게 한 달 만에 엄마 속옷 냄새를 맡으며 자위를 하고 사정을 했다. 한 달만이라서 그런지 정액양이 어마어마했다.

'아…… 시원해.'

대충 뒷정리를 하고 한별이는 잠자리에 들어 세상 누구보다 단잠을 자기 시작했다.

사건의 발단은 한별이가 고3이 된 올해 무더운 어느 여름날이었다.

여름방학이라 보충수업하고 학원으로 가기 전, 잠깐 교재를 두고 온 것이 생각나서 한별이는 집에 들렀다. 엄마는 여름 휴가기간이라 평소 같으면 한별이를 데리고 해외여행을 갔겠지만, 올해는 고3이고 하니 그냥 집에서 에어컨 바람을 쐬며 조용히 보내겠다고 한 터였다.

엄마가 집에 계실 거라는 건 알았지만, 문을 연 순간, 한별이는 눈앞에 벌어진 풍경에 뜨악- 하고 말았다. 엄마가 너무나 더웠는지 속옷 차림으로 계신 거였다.

나이에 비해 10년은 젊어보이고 한 미모 하는 엄마의 몸매는 예술 그 자체였다. 그리고 아주 예쁜 속옷을 입고 계셨다. 연핑크색인데 하늘하늘 하얀 레이스가 달리고 음모 부분이 살짝살짝 비치는 그런 속옷이었다.

야한 동영상 외에 여성의 예쁜 속옷 입은 실제의 몸을 처음 맞닥뜨린 한별이는 그만 너무 놀라서 현관 앞에서 우두커니 서 있었다. 물론 그 전에도 여행가면 엄마 옷 갈아입을 때 문득문득 엄마의 속살을 봤지만, 그 날은 속옷이 너무 예뻤다. 본인도 모르게 아랫도리에 힘이 들어가는 게 느껴졌다.

"들어오지 않고 뭐해? 아들. 근데 왜 온 거야? 학원으로 안 가구?"

엄마는 아무렇지도 않은 듯 이야기하셨지만 한별이의 그 날 본 엄마의 섹시한 레이스 속옷과 탱글탱글한 육감적인 몸매는 머릿속에서 떠나지 않게 되었다. 정확히 얘기하자면 오히려 몸매보다는 엄마의 속옷 레이스 결 하나하나가 한별이의 가슴속에 물결치듯 계속 되뇌어졌다.

'한 번만 그 옷을 만져 볼 수 있다면…… 정말 감촉이 부드럽겠지? 어쩌면 그렇게 하늘하늘하고 예쁘게 디자인한 걸까?'

그 날 학원수업을 어떻게 마쳤는지 모를 정도로 한별이의 머릿속에는 오로지 엄마의 속옷 생각뿐이었다. 십 년만큼이나 길게 느껴졌던 네 시간짜리 학원수업을 겨우 마치고 독서실에 갔다. 하지만 도무지 집중이 되지 않아 그냥 집에 와 버렸다.

"아니, 한별아, 무슨 일 있어? 오늘은 왜 이리 일찍 왔어?"

현관 키를 누르자 엄마가 아까와는 달리 반바지에 티셔츠를 입고 달려나오며 반색하신다.

"응, 머리가 좀 아파서."

"머리가 왜 아프지? 약 줄 테니 먹어 봐."

엄마가 건넨 진통제를 물과 함께 삼켰다. 사실 머리가 아픈 게 아니라 혼란스러운 것일 뿐인데. 아까의 엄마 속옷이 오버랩되어 엄마 얼굴을 똑바로 볼 수가 없었다.

"아니, 얘가 왜 이런담…… 오늘따라. 너 약 먹었는데도 아직 그러면 내일 엄마랑 병원 함 가보자."

"아냐, 아냐, 좀 쉬면 괜찮을 것 같아. 엄마…… 나 방에 가서 먼저 쉴게."

손사래를 치며 한별이가 괜찮다고 하자 엄마는 그러라고 하며 오늘은 일찍 자라고 하였다. 침대에 누웠건만, 한별이의 머릿속에는 오로지 엄마의 속옷뿐이었다.

그렇게 달게 자고 개운한 기분으로 다음 날 시험에 임했다.

근데 이상하다. 문과생인 한별이가 제일 취약한 수학을 푸는데 잘 이해가 안 가던 문제도 해법이 보이는 거다.

'어? 이상하네.'

그렇게 어제와는 정반대로 술술 문제를 풀고 나갔다. 검토를 해도 답이 확실하다. 다음 과목도 마찬가지.

어제와는 사뭇 다른 집중도인데다 어제처럼 시험문제 글씨들이 둥둥 떠다니는 느낌이랄까, 엄마 팬티가 생각나는 느낌이랄까, 그런 게 없다. 오히려 평소에 취약하던 부분까지 자신있게 풀었고 200%의 집중도를 발휘하는 듯했다.

그 날 치른 과목은 모두 만점을 확신했다. 독서실에서 답을 맞춰보니 모두 만점이 맞다. 아무래도 엄마의 속옷이 위력을 발휘한 듯하다.

그 날 밤, 밝은 표정으로 집에 돌아온 한별이는 엄마가 주무시기만을 기다린 후 또 세탁실로 향했다. 그 다음날도, 또 그 다음날도.

이렇게 중간고사를 모두 마치고 나서 결과가 나왔는데, 엄마의 속옷 냄새를 안 맡고 한 달째 금욕하고 있었던 시험 첫 날의 성적은 평소 제일 자신있는 과목인데도 불구하고 점수가 사상최악으로 저조했다. 그러나 둘째날부터 마지막 날까지의 모든 과목들은 올 만점을 기록했다. 그래서 간신히 예전 성적 평균을 맞출 수 있었다.

그러나 서울대에서 중요하게 보는 바로 그 과목, 첫날 본 국어, 국사를 망친 건 한별이의 이력에 치명타가 되었다.

이렇게 한별이는 중간고사를 치르고 수능을 두 날 남짓 남긴 상태에서 나에게 찾아온 것이다.

"선생님, 엄마 입던 속옷이 요즘 세탁바구니로 안 나와요. 저는 엄마가 눈치채고 숨겨 놓으시거나 손빨래 후 건조대에 너는 것 같아요. 어쩌죠? 수능 날 전 날도 속옷 냄새를 맡아야 최대의 실력을 발휘할 수 있을 텐데…… 엄마가 계속 저렇게 빨래를 해서 널어버리신다면…… 아…… 그 때 국어, 국사 보던 날의 트라우마가 너무 강하네요. 저 수능 망치면 어떡해요…… 그렇다고 엄마에게 말할 용기도 안 나요."

한별이는 울상이 되었다.

"선생님이 엄마한테 잘 말씀드려보는 건 어떨까?"

한별이는 강하게 손사래를 치며 말했다.

"아, 안 돼요. 그건 절대 안 돼요. 엄마는 제가 그런 이상한 사람인 줄 모르세요. 엄마는 저 하나만 바라보고 혼자 사셨는데… 충격이 크실 거예요. 그리고 엄마가 알게 되신다면 전 죽어버릴 거라구요. 흑흑흑."

"아, 알겠어. 한별아. 엄마에게 말하지 않을게. 약속하마."

우는 한별이를 안심시키고 다음 상담일자를 잡고 그렇게 무거운 마음으로 한별이를 배웅했다.

보통 성애물 장애가 너무 심한 경우는 치료하는 데 15~20회기가 지나도 모자랄 수 있다. 한별이에겐 이미 이 장애가 머피의 법칙, 샐리의 법칙을 넘어선 아주 심한 성애물 의존적 양상을 띠고 있었다.

곧 수능을 봐야 하는 한별이에게 집중치료를 하는 게 나을지, 그러면 공부하는 시간을 많이 잡아먹을 텐데…… 목표하는 서울대를 못 갈지도 모른다. 아니면, 한별이를 설득해서 한별이 엄마와 상의 후 일단 시험을 잘 보게 하고 나서 그 때 치료가 들어가게끔 치료시기를 늦추는 게 나을지…… 난 심한 갈등에 시달렸다.

한별이만 방문시켜 치료하기엔 아무래도 시간이 많이 부족하다. 그리고 한별이 엄마도 알고 있어야 적극적 치료가 가능하다. 이렇든 저렇든 미성년자의 엄마가 알고 있어야 한다.

난 한별이를 설득하기로 마음먹었다.

다음 주에 한별이가 예약시간에 방문했을 때 끊임없이 한별이를 설득하기 시작했다. 그런데, 한별이 입에서 더욱 충격적인 소리가 나왔다.

사실은 엄마가 요즘 팬티를 세탁바구니에 안 내놓아서, 아는 대학생 형의 아이디를 빌려 어른인 척하고 엄마의 SNS밴드를 찾아 들어갔단다. 엄마는 평소에 핸드폰으로 밴드를 자주 하시는 듯했다. 한별이가 '엄마, 무슨 밴드를 그렇게 재밌게 하세요?'하면 '응, 동창밴드야.'하면서 핸드폰을 황급히 가리기 일쑤였다.

한별이의 속셈은 어른인 척 엄마에게 채팅하면서 속옷을 내놓게 만들려는 심산이었던 것이다. 그런데 찾아들어간 엄마가 리더로 되어있는 SNS밴드 채팅방은 과히 충격적이었다.

엄마의 아이디는 '발정난 암캐'였고 채팅방 이름도 '늑대들과의 쎅톡'이었다. 섹스와 야설에 대해 이야기를 하는 방이었다.

회원은 모두 엄마를 제외하고는 남자들만 득실대는 것 같았고, 댓글 남기거나 회원인 남자들 모두 제대로 된 사람들이 없어보였다. 이상한 음담패설들이 어지럽게 엄마의 밴드 채팅방을 장식하고 있었다.

엄마의 반응은 더 가관이었다. 그런 음담패설들을 매우 즐기는 듯한 태도로 보였고, 전체 채팅방에서 만나자는 한 사람에게 적극적으로 응했다가 남자들끼리 경쟁이 붙어 서로 싸우며 으르렁거리는 현상까지 보여졌다.

한별이는 '늑대들과의 쎅톡' 방에 일주일 넘게 진입했다고 했다. 그러면서 어른인척 엄마에게 말을 걸고 1:1채팅을 했다. 한별이의 아이디는 '암캐를 쫓는 사냥꾼'이었고, 엄마는 한별이의 아이디를 보고는 '음, 아이디가 맘에 들어요.'라고 말했다.

그렇게 한별이는 엄마랑 어른인 척 채팅을 하였고, 온라인상에서 정말로 친해지게 되었다.

'발정난 암캐'는 '암캐를 쫓는 사냥꾼'에게 고3짜리 아들을 혼자 키우고 있다고 하였다. '암캐를 쫓는 사냥꾼'은 '발정난 암캐'에게 남편도 없이 아들과 사는 게 외롭지 않냐고 물어보았다.

'음… 괜찮아요. 사냥꾼님이 있으니까요. ㅎㅎ'

'ㅎㅎ 그렇게 생각해주셔서 감사합니다. 암캐님의 아들도 고3이면 한참 왕성하고 성에 관심이 많을 텐데요.'

'네, 그렇지 않아도 한 번은 팬티를 벗어서 세탁바구니에 넣어놓았는데, 그게 아들 방에서 발견됐지 뭐예요. 그것도 정액냄새가 밴 휴지와 함께요. 우리 아들이 아무래도 제 속옷을 갖고 딸딸이를 치나 봐요. 그래서 그 후론 속옷은 꼭 바로바로 빨아서 널어요. 혹시나 너무 그쪽으로 빠져서 애 공부에 방해될까 봐요. 한참 민감한 시기잖아요. 수능도 얼마 안 남았는데……'

'그렇군요. 혹시 아들이 공부를 하는데 엄마 속옷이 있으면 도움이 더 되지 않을까요?'

'어머, 무슨 말씀이세요? 그건 아니죠 ㅠㅠ.'

'아니에요. 진짜 제 주변에도 아는 사람이 고3짜리 아들을 혼자 키우는데 그 아들이 엄마 속옷 냄새를 맡으면 시험을 잘 보는 징크스가 있다네요. 한참 예민한 시기에는 오히려 성적욕구를 그렇게라도 풀어주는 게 도움이 될 수 있어요.'

'흠…… 그래도 그건 ^^;;'

'아들이 요즘 불안해 보이지 않으시던가요?'

'네…… 그렇지 않아도 며칠 전 한 번은 다용도 실 세탁바구니를 뒤지다가 저에게 들켰어요, 전 모르는 척 우리 아들 뭐 찾아? 라고 했더니 아니라고 하면서 황급히 제 방으로 들어가더라구요.'

'혹시 암캐님은 아드님과 섹스하고 싶은 생각 있어요?'

'어휴. 아니요~.'

'그러면 아들에게 바라는 게 있나요?'

'……음, 우리아들은 공부를 엄청 잘해요. 서울대가는 게 목표예요. 시험까지 한 달 반 정도 남았는데, 꼭 수능을 잘 봤으면 좋겠어요.'

'수능을 잘 보게 하려면 엄마로서 아들의 성적욕구를 달래주어야 합니다. 그래야 공부에 더욱 집중할 수 있어요. 속옷을 예전처럼 그냥 세탁바구니에 넣어 두세요. 그리고 아예 먼저 섹시한 속옷을 사서 입고 세탁바구니에 넣어 두시면 아들이 꽤 안정되게 시험을 볼 거예요. 그리고 아들이 하는 일이 만약 눈에 띄더라도 절대 아는 척 하지마시고 덮어주세요. 수능 끝나기까지만 그렇게 하심 될 겁니다.'

'만약 너무 그 쪽으로 집착해서 눈이 퀭해지고 공부에 더욱 집중 못 한다면요. 그러면 사냥꾼님이 책임지실 건가요? 우리 아들 서울대 못 가면요?'

'글쎄 제 말을 믿고 그대로 해보시라니까요. 제 주변사람도 똑같은 경우를 겪어서 드리는 말씀입니다. 그 사람도 아들 행위를 우연히 발견하고 막 뭐라고 혼을 내었더니 시험을 죄다 망쳤더랍니다. 대학도 원하는 곳으로 못 가구요.'

'아… 그랬군요…… 알겠어요. 저도 한 번 지켜보고 아들이 좀 공부에 집중을 못한다고 생각되면 사냥꾼님이 말씀하신대로 한 번 해 볼게요. 근데 너무 우리 아들얘기만 했네요. 우리 언제 만날까요?'

한별이는 잠깐 와이프가 부른다는 핑계를 대며 사냥꾼 역할을 마치고 채팅방을 나왔다.

이미 한별이는 일주일 동안 어른 역할을 하면서 엄마를 조정했다. 본인이 원하는 방향으로 다 조정해놓은 것이다.

"그래서, 엄마는 요즘 어떠셔?"

"아직 잘 모르겠어요. 어제 채팅한 얘기라… 제가 오늘 상담소에 온 건 예약한 것도 있지만, 일주일 동안 변화된 상황을 말씀드리러 온 거에요. 선생님이 아까처럼 또 엄마와 의논하자고 하실까봐…… 그게 겁이 나서 온 것도 있고요."

"엄마가 이미 알고 계시잖아. 한별이의 특이한 점을 말야."

"그래도 민우 형 아이디 써서 어른처럼 채팅하고 엄마를 조정한 것도 있어서 이제는 정말 되돌리기 힘들어졌어요. 선생님, 저는 제가 잘 알아요. 일단 저는 서울대가 목표이니 엄마가 예전처럼 입던 팬티를 세탁바구니에 잘 놓으면 저는 공부에도 집중할 수 있고 수능을 대박 칠 거예요. 엄마가 사냥꾼의 설득에도 변함이 없으면 다시 올게요. 그리고 저한테 전화가 없거나 시험 때까지 다시 오지 않는다면 엄마가 사냥꾼 말대로 행동한 것으로 아시면 돼요. 저도 저의 사태의 심각성을 알고 있으니 수능보고, 서울대 가고 나서 그 때는 엄마에게 모든 걸 용기있게 고백하고 선생님 찾아와서 치료 받을게요. 완전히 치료해서 나아지려면 최소 3개월 이상 걸린다고 했죠?"

나는 가슴이 탁 막혔다. 이런 영악한 녀석 같으니.

그 후론 한별이로부터 연락이 없었다.

아무래도 엄마가 사냥꾼의 조언을 따른 듯하였다. 대학을 제대로 갔는지 걱정이 되었지만 워낙 야무지게 처신하는 녀석이라 '잘 살겠지, 원하는 서울대도 갔을 거고. 그치만 치료는 받아야 할 텐데…….' 하면서 가끔 떠올리곤 했다.

나도 다른 내담자 상담에 바쁜 나날을 보내며 그렇게 한별이 일을 잊어가고 있던 어느 봄 날, 상담소로 꽃바구니 배달이 왔다.

꽃바구니 속 예쁜 카드에는 이렇게 적혀 있었다.

'문지영 소장님. 정말 감사했습니다. 그동안 소식 못 전해드려 죄송합니다. 저는 아직도 선생님 떠올려요. 선생님 덕분에 무사히 서울대

수석합격해서 현재는 장학금 받으며 잘 다니고 있습니다. 근데 선생님께 따로 연락드리지 못한 건…… 치료가 필요 없을 것 같아서예요. 전 저의 있는 그대로의 모습에 만족합니다. 남들보다 취향이 약간 독특하다고 생각할 뿐이죠. 지금 여자친구를 사귀고 있어요. 여자친구가 저의 독특한 취향을 인정해줍니다. 그래서 입던 속옷도 벗어서 제 가방에 몰래 넣어놓기도 하죠. 죄송한데… 선생님 속옷도 하나만… 입던 걸로 이 주소로 보내주심 안 될까요?'

"명문대 교수의 주말 코스프레 이야기"

* 의상전환 장애

의상전환 장애(Transvestic Disorder)는 이성의 옷으로 바꿔 입음으로써 성적 흥분을 하는 경우를 말한다. 보통 의상전환 장애를 지닌 남자는 여자 옷을 수집하여 바꿔 입으며 자신을 성적 공상 속의 남자 주인공과 상대 여성이라고 상상하면서 자위행위를 하는 경향이 있다. 이 장애는 이성애적인 남자에게서만 주로 보고되고 있으며, 성 불편증으로 인하여 이성의 옷을 입는 경우는 의상전환 장애로 진단되지 않는다. 의상전환 행동은 남성 복장에 여성 의복의 한 종목(예: 내의나 양말)만 착용하는 경우부터 전체적으로 여장을 하고 화장을 하는 경우까지 다양하다.

권석만 〈이상심리학의 기초〉

불금이었던 어느 날 저녁, 막 퇴근을 하려는 차에 나이 지긋해 보이는 어느 점잖은 신사분이 찾아오셨다.

"저…… 지금 상담되나요? 예약은 안 했는데요."

"네, 물론입니다. 이리로 오시죠."

인턴 선생님들을 먼저 퇴근시키고 나는 그 신사분과 대각선 건너편 자리에 앉았다. 말쑥하고 점잖은 양복차림, 안경너머로 보이는 깊은 눈빛, 희끗희끗한 머리를 정갈하게 빗어 올린 그 신사 분은 50대 후반에서 60대 초반으로 추정되었다.

자리에 앉자마자, 낮은 탄식을 내뱉는 신사. 여기 오는 사람들이 다 그렇지만, 이 신사분의 이마에 깊게 패인 주름이 아주 큰 고민을 안고 있는 듯 보였다.

"소장님이신가요?"

"네, 문지영 소장입니다."

"실제로 뵈니 TV에서 뵌 것보다 더욱 미인이시네요."

"하하하 감사합니다. 근데 어떤 고민이 있으셔서 방문하셨나요?"

"……소장님. 여기 익명보장 됩니까? 상담한 이력이 건강보험공단으로 통보되거나 하는 거 아닌가요? 제가 공인은 아니지만 이 일이 세상에 알려지면 아주 곤란한 입장입니다."

"네네, 충분히 이해합니다. 공단으로 전혀 통보되거나 그러지 않습니다. 안심하시고 말씀하셔도 됩니다."

"네… 그럼 말씀드리겠습니다. 선생님이 국내 유일에 제일 유명한 성심리 상담가라고 해서 일부러 먼 길 찾아오느라 좀 늦게 왔습니다. 퇴근하시려하는데 민폐가 된 것 같아 죄송하네요."

"아, 아닙니다. 자, 그럼 무슨 고민이 있으신지 말씀해주세요."

그 신사는 극히 조심스러운 태도로 입을 떼기 시작했다.

부연설명이 이리도 많으신 걸 보니 사회적으로 위치와 명망이 어느 정도 있으시기에 그렇다는 예감이 들었다.

나의 예상대로 그는 58세, 명문의대 윤호경 교수였다.

현재 학교재단 병원에서 심장내과 의사로도 근무하며 학생들도 지도하고 있었다. 어쩐지, 그의 태도에서 궁극의 신사적 품격이 느껴진 건 그의 사회적 지위 때문이었던 것 같다.

심장내과에 근무하지만 동물의 심장을 상대로 실험을 지도하는 게 그의 업무였기에 타과 의사에 비해 시간도 많았고, 주말도 대부분 여유롭게 쉴 수 있었다. 만약 사람을 직접 진료한다면 비상사태일 때 주말, 공휴일 가리지 않고 뛰어나가야 하는 것이 의사라는 직업인데, 그의 분야는 비교적 그렇지 않은 분야여서 여가시간이 비교적 많았다. 따라서 여가를 활용하다가 최근 아주 특이한 활동을 하게 되었다고 한다.

전에는 주로 낚시, 골프, 등산 등의 야외활동으로 주말을 보냈지만, 요즘 그의 주말은 어느 특이한 클럽에 가는 걸로 시작된다. 오늘도 마침 불금이라 클럽모임이 시작되기 전 잠깐 들른 것이라고 한다.

'얼마나 특이한 모임이길래?'

나는 머릿속에서 상담가의 촉을 마구마구 굴려보았지만, 도무지 어떤 모임이길래 이렇게 어렵게 서두를 꺼내는 것인지 감을 잡을 수 없어 궁금증이 증폭되었다.

"어떤 모임에 나가시는지요? 괜찮습니다. 비밀 보장되니 편하게 말씀해 주세요."

"사실은요…… 여자 옷을 입고 화장을 하고 나가는 모임입니다."

아! 그랬구나.

그는 의상전환장애라는 특이한 성 도착장애를 앓고 있는 환자였다. 낮에는 큰 종합병원의 의사, 주말 밤에는 여장을 하고 나가는 그. 만약 그 클럽에서 본인의 신분이라도 노출되는 날에는 아주 큰일이다. 그는 한 평생 몸바쳐온 소중한 직장을 잃게 될 수도 있다.

그래서 그는 나에게 구조의 손길을 내밀러 온 것이다. 제발, 스스로도 용납이 안 되는 본인의 특이한 취미활동을 막아달라고 말이다.

물론 여장을 하고 파티에 참가하면 즐겁다. 매주 주말만 손꼽아 기다리는 그이기에 그렇다. 금요일, 속칭 불금이 되면 그의 심장은 아침부터 가볍게 설레기 시작한다고 한다.

그 가벼운 설렘이 오후가 되면 쿵쾅쿵쾅 긴장감 정도로 변하고, 아이러니하게도 본인이 심장내과 의사이면서도 본인의 쿵쾅거리는 심장을 통제하기가 어려울 정도로 설렌다는 것이다.

"이 특별한 모임에 나가신 지는 얼마나 되셨나요?"
"한…… 2~3개월 되었습니다."
"그러면… 선생님은 나가실 때마다 비슷한 흥분감을 느끼시는 건지요? 아니면 가는 횟수와 반비례하여 조금 안정이 되시지는 않는가요?"
"오히려 설렘이 더 커졌으면 커졌지, 줄어들지 않네요. 큰일입니다. 제가 제 심장을 통제 못할 정도로 흥분되니까요."
"그렇다면 가장 두려운 게 남들이 알게 될까 봐…… 바로 그것인가요?"
"네, 꼬리가 길면 언젠간 밟히게 되어있습니다. 저의 인생 살아온 경험으로는 그렇더라구요. 그걸 알기에 괴롭고 두렵습니다… 휴……."
그의 깊은 한숨은 연기가 되어 상담실 공기 속으로 흩어졌다.
땅이 꺼져라 한숨을 쉬는 그에게서 본인의 이중적 생활에 얼마나 자책감과 고통을 느끼고 있는지 실감할 수 있었다.
"선생님, 그러면 만약 더 이상 안 가게 된다면 어떨까요? 한 번 연상해보세요. 금요일 클럽에 가지 않고 그냥 퇴근해서 가족들과 저녁식사 하는 선생님의 모습을요."
그는 잠시 연상하는 듯 하더니만 이내 고개를 세차게 흔들었다.
"아닙니다. 그건 아닙니다. 그럴 수 없어요. 이미 발을 빼기엔 너무 늦은 듯합니다. 그러면서도 거기서 여자 옷을 입고 자위를 하고나면 매번 바로 후회하게 됩니다. '내가 왜 여기 있지? 학생들을 지도한다는 교수가… 그것도 이런 흉칙한 차림새를 하고. 지하에 계신 조상님이 대노하실 일이지… 안 된다, 안 돼.' 라며 매번 똑같은 후회를 하면서 집으로 돌아오지만…… 문제는 도무지 멈출 수가 없다는 겁니다. 최근에는 목요일 저녁부터 설레는 감정이 시작됩니다. 꼭 첫사랑 할 때 애인을 기다리는 마음이랄까요… 그런 다음 금요일엔 거의 업무에 집중을 할 수 없을 정도로 심장이 요동칩니다. 그 상태로 집에 갔다가는… 어휴, 상상도 하기 싫습니다."

사회적 관념과, 도덕, 예의범절, 본인의 사회적 지위 등과 이런 성적취향이 충돌할 때 누구나 패닉에 빠질 것이다. 그러나 금기의 유혹은 더욱 더 달콤하게 느껴지기 마련이다. 그는 정말로 괴로워하고는 있었지만 그렇다고 그런 행동을 멈출 수는 더더욱 없는 걸로 보였다.

매주 목요일부터 시작되는 설렘, 그리고 금요일 아침에 일주일 동안 정성껏 선정한 그 주 컨셉의 여자 옷과 스타킹, 하이힐, 화장품 등을 몰래 차에 싣는다. 마치 그 옷들에 실제 생명이 있는 양, 애인 다루듯이 조심조심 포장하여 아내가 깨기 전 일찍 집을 나선다.

한 번은 아내가 물었단다.

"여보, 요즘 왜 금요일마다 그렇게 일찍 나가세요? 아침도 안 드시고."

"아…… 요즘 금요일 새벽마다 나가는 운동이 있어. 그래서 그래."

"아, 그러면 이제 금요일 아침은 저 늦잠자도 되는 거죠?"

"응, 당신 알아서 해. 난 운동가서 아침 먹으니까."

아내에게 이렇게 둘러대고는 일찍 온 그는 병원 커피숍 샌드위치로 아침을 해결한다고 한다. 매주 금요일에만 말이다.

그의 차 안에 걸려 있는 여자 옷들이 혹시라도 외부로 비춰질까봐 그는 최근 차 창문도 까맣게 선팅을 했다. 금요일 하루를 어떻게 보내는 지도 모르게 흥분 고조상태에서 강의와 실험을 한다.

그런 후 퇴근 시간에 맞춰 일단 병원화장실로 가서 머리를 곱게 빗어 단장하고 세수를 하고 기초화장을 마친다. 차로 돌아가 가발 쓰기 좋게 곱게 다듬어 놓은 머리 위로 긴 머리 여자 가발을 쓰고 (하루는 단발머리도 쓴다, 그는 가발 종류만 해도 수십 가지라고 증언하였다.), 그 날의 의상 컨셉에 맞게 립스틱 색깔도 맞추고, 분칠을 하며 화장을 곱게 정성들여 한다. 화장을 마치면 바지를 벗고 스타킹을 신고, 속옷 모두 예쁜 여자 속옷으로 갈아입는다. 그런 연후에 블라우스를 입고, 스커트를 입고, 운전을 한다. 그리고 회원들과의 약속장소인 클럽으로 간다.

한 번은 운전하고 가는데 음주단속이 있었다. 차 창문을 차마 열지 못하고 있는 그에게 경찰이 세차게 창을 두드렸다. 어쩔 수 없이 창문을 열고 최대한 눈을 마주치지 않으려 했건만, 경찰은 이내 누가 봐도 중후한 중년 남성인데 여장을 한 그의 우스꽝스러운 모습을 보고 웃음을 겨우 참는 얼굴을 하며 그에게 음주측정기를 들이댔다.

"아니, 선생님. 왜 창문을 안 여십니까. 다음에 또 그러시면 음주측정불응으로 곤란하게 되실 수도 있습니다."

"네……."

음주측정을 하고. 창문을 다시 닫고 가려는데 그 경찰이 동료와 쑤근덕 거리는 소리가 들린다.

"아, 야. 저 대가리 꼴하고 화장한 거 봤어? 아니 좀 이쁘거나 젊어야지 트랜스젠더라도 하지, 저 노인네는 글렀다. 토 나올 뻔 했지 뭐냐. *ㅋㅋㅋㅋㅋㅋ*."

'그래, 이제부터 클럽화장실에서 화장하고 옷을 입자. 아니야, 남자인 내 모습을 클럽 사람 중 누군가가 본다면…… 그럼 안 되지.'

그는 얼른 생각을 고쳐먹고 앞으로 다시는 그 음주측정 했던 대로로 가지 않고 조금 늦더라도 먼 길로 돌아서 갈 것을 다짐했다.

또 하나의 웃지 못할 사례가 있었다.

윤 교수가 하루는 앞치마 원피스를 입은 알프스소녀 하이디 복장에 양 갈래로 땋은 가발과 머릿수건을 쓰고, 반전의 섹시함을 부여하기 위한 가터벨트와 망사스타킹을 착용하고 있는 상태로 클럽에 자리를 잡을 때였다.

그 때 옆 테이블에 앉은 또 다른 의상전환 장애증 환자, 윤호경 교수와 연배도 비슷해 보였고, 그 나이 지긋한 중년남성도 꽤 사회적으로 명망이 있는 사람이었다. 윤 교수는 한 눈에 그가 유명한 정치인이라는 것을 알아봤다. 증상도 비슷하다는 공통점이 있었기에 그 둘은 술을 주거니 받거니 하며 급속도로 친해졌다. 윤 교수가 그날 알프스소녀 하이디였다면, 그녀 아닌 그 정치인은 컨셉을 신사임당으로 잡았었고 구하기도 어려울 법한 하얗고 정갈한 한복에 쪽진 머리가발을 쓰고 있었다.

"오늘 자기 무지 단아하네."

"자기는 너무 청초하면서도 섹시한 소녀 이미지인데."

그 둘은 '호형호제'하는 것이 아닌 '호자기'를 하면서 그렇게 술잔을 기울이다가 결국 만취하고야 말았다.

"자기야, 우리 많이… 꺼억…… 취했는데 꼭… 여기 가까운 모텔 가서 자고 갈까?"

"그래… 꺼억…… 그러자."

그 두 사람은 그렇게 모텔에 투숙했다. 원래는 자위할 공간이 필요하여 각자 자위를 하기로 하고 들어간 모텔이었으나, 그냥 들어가자마자 잠에 곯아떨어졌던 그 둘은 아침에 서로의 모습을 보고 포복절도

하고 말았다.

"우리 이대로 모텔에 들어왔던 건가요?"

윤 교수는 신사임당 쪽진 머리가발에 하이디 치마를 입고, 더 가관인 것은 치마를 스타킹과 가터벨트가 보이게끔 팬티 속으로 최대한 집어넣은 것이다. 그러고 보니 어렴풋이 기억나는 게 어젯밤 가터벨트가 보여야 섹시하다며 스스로 그렇게 한 것이 기억나고 , 가발도 그 정치인과 바꿔 썼던 것이 생각났다.

정치인도 마찬가지로 양갈래 딴 하이디 머리가발에 저고리는 벗겨져 없었고, 한복밑둥치마만 입고 있었다. 신고 왔던 하얀 고무신은 어디에 버리고 왔는지 없었다.

보통 그들은 클럽에서 즐기다가 집에 갈 때는 다시 메이크업을 지우고 말끔한 신사의 모습으로 돌아간다. 그러나 그날 밤 그 두 명의 남자는 누가 봐도 우스꽝스러우며 언밸런스한 모습으로 모텔에 들어왔던 것이다. 그러고 보니 또 윤 교수의 머릿속에 떠오르는, 어젯밤 프론트 남자 직원이 한 말이 있었다.

"두 분…… 혹시 배우신가요? 아니면…… 혹시 엿 파는 공연 하고 오신 건가요?"

그 둘은 호텔 직원의 진지한 질문을 듣고 그 자리에서 마구 웃어젖혔다. 한술 더 떠 "그래, 우리 엿 판다."라며 받아치기도 했었다.

클럽에 가면 윤호경 교수 같은 이들이 많이 있었다.

그 클럽은 거의 성 소수자만이 모이는 종합선물세트 같은 곳이었는데, 게이, 레즈비언, 트랜스젠더, 의상전환 장애자 등 모두들 사회적이나 신체적으로 주어진 본연의 성을 탈피한 채 자유분방하게 끌리는 대로 행동할 수 있는 곳이었다.

의상전환장애는 거의 남자에게만 있는 도착증이라고 해도 과언이 아니다. 물론 여자가 의상전환장애를 앓고 있다고 해도 '그냥 스포티하게 입었다'라고 주변에서 판단할 수 있기 때문에 그런지 여자에겐 의상전환장애가 보고된 바가 극히 드물다.

그렇다면 윤호경 교수는 왜 여자 옷을 입고 화장을 하는 것일까? 본인이 여자 옷을 입으면 여자처럼 예쁘다고 생각하기 때문에? 아니면 여자가 되고 싶어서?

여자가 되고 싶어서 그런 것이면 수술 전 성불편증(트랜스젠더)에 해당한다. 그러나 윤호경 교수는 명백한 의상전환장애였다.

나는 그와의 꾸준한 면담으로 그가 여자 옷을 입고 화장을 하면 본인의 몸속에 남녀가 함께 있다고 생각한다는 것을 알았다.

내 안에 공존하는 또 다른 그녀.

상상 속의 멋진 남주인공과 관계하는 그녀. 화장하고 예쁜 옷을 입으면 난 그 남자와 관계하는 여자가 된다. 이것이 바로 이성애자인 남자에게만 보고사례가 있는 의상전환장애이다. 그러면서 이들은 한 쌍의 원앙과 같은 선남선녀를 상상하며 자위를 한다. 자위를 하는 것은 바로 상상 속의 그들이 관계하는 것이나 다름없다.

그러나 윤호경 교수는 사정을 하고 제정신을 차리면 자신이 지금 뭐하고 있는지 문득 알 수없는 죄책감에 시달린다고 하였다. 그 죄책감의 정도는 목, 금요일 파티 전의 설렘, 가슴의 요동침과 견줄 정도로 심각한 상태라고 했다.

남자들의 허무감…… 사랑하는 사람과의 친밀감 있는 섹스가 아닌 다소 변칙적인 방법의 섹스이거나 친밀감이 없이 그냥 본능에 의해 이루어지는 섹스. 이런 것들이 남자나, 여자 모두의 섹스 끝을 허무하게 만드는 것 같다.

윤호경 교수에게는 극약처방이 필요했다. 그는 지금 그의 행동을 그만둘 수도 안 그만둘 수도 없는 정서적 괴리감에 빠져 있었다. 그것도 단지 3개월 정도밖에 안 된 습관이니 극약처방으로 충분히 치료가 될 수도 있는 상황이었다.

"윤 선생님, 계속 이렇게 주말을 보내시다간 매우 곤란한 상황이 생기실 수 있습니다. 윤 선생님이 우려하시는 대로 주변인들이 알게 될 수도 있구요. 무엇보다도 3개월 정도 이렇게 다른 인생을 사셨으면 이제 예전의 윤 선생님으로 다시 돌아오시죠. 금요일에는 일이 손에 안 잡힐 정도라면…… 학생들은 매주 금요일 선생님께서 지도하는 내용을 그대로 습득할 텐데…… 선생님의 두 손에 대한민국 심장내과의 미래가 걸려있다고 해도 과언이 아닙니다. 그러니 이제는 그만하시는 게 좋을 듯합니다."

"…… 저도 그렇게 심각한 사태를 인정합니다. 그러나 골프, 등산, 낚시, 정원 가꾸기 등의 취미생활은 이제 신물이 납니다. 더 이상 흥미가 없어요."

"그러면 윤 선생님은 주말에 대체할 새로운 취미가 있으면 더 이상 클럽에 가시지 않을 건가요?"

"네…… 그렇지만 클럽을 뛰어넘을 정도로 재밌어야 합니다."

그의 의상전환장애는 다행히 일시적이라는 생각이 들었다. 그는 목마르게 새로운 취미생활을 갈구하고 있었다. 이미 해볼 건 다 해 봤기에 천편일률적인 취미생활들에 염증을 느끼고 있었고, 따라서 의상전환 코스프레는 그에게 신선한 돌파구가 되었던 것이다. 그러나 이제는 다른 것도 괜찮다고 이야기하는 것을 보니, 이제는 내가 그를 위해 새로움과 신선함을 찾아줄 차례이다.

"외람되지만, 사모님과의 섹스는 어떠신가요?"

"와이프는 3년 전 자궁암수술을 해서 자궁도 없는 상태이고…… 부부관계 안 한 지 꽤 되었습니다."

"사모님이 윤 선생님의 섹스에 대해 따로 하신 말씀은 없으신가요?"

"그렇지 않아도 본인 몸이 그러니 저보고 돈도 많은데 다른 데 가서 욕구를 풀고 오라고 하더라고요. 본인은 다 이해하고 괜찮다고요. 그렇지만 그런데 가서 여자를 사서 관계하는 건 저도 그닥 원하지는 않습니다."

"흠…… 그럼 가장 꺼려지는 이유는 무엇인가요? 사모님에 대한 의리인가요?"

"네, 집사람을 배신하기도 싫고요. 그것도 그렇고 두 번째 이유는…… 성병이요. 에이즈나 성병이 너무 두렵습니다. 어떤 남자랑 관계한 여자인지도 모르는데, 제가 결벽증이 좀 있습니다. 군대에 있을 때 휴가 나와 사창가 갔다가 한 번 크게 고생한 기억이 있어요. 그 후로 결벽증이 아주 심해졌죠. 그렇다고 콘돔을 끼고는 느낌이 안 오고 그래서 섣불리 그런 직업여성에게 못가는 것 같습니다."

"그러면 선생님은 성병문제와 사모님을 배신하지 않는 범위 내에서 성욕을 해소하시면 되는 거죠…… 흠, 저에게 좋은 아이디어가 있습니다. 더 이상 그 클럽에 가지 않고서도 성욕을 해소하시면서 다른 취미생활도 즐기시며 주말을 보낼 기막힌 방법이 있어요."

그는 침을 꼴깍 삼키며 눈을 크게 뜨고는 되물었다.

"그래요? 소장님, 그게 무언가요? 성욕을 해소할 수 있으면서도 아내를 배신하지 않고, 클럽에 가지 않아도 되고, 성병 우려도 없는…… 그런 좋은 방법만 있다면 다시 골프에 집중하며 주말을 보낼 수 있을 것 같습니다."

그렇다. 그는 아내와의 성생활이 원만하게 이루어지지 못하자 자위를 하기 시작했는데, 기본적 성욕이 자위만으로 해결되지 않자 그 클럽에 나가기 시작했고, 그러다보니 자극적이고 새로운 신선감을 주는 클럽에 비해 골프, 등산, 수영 등의 취미생활은 시시하고 재미없어졌던 것이다.

근본적인 그의 욕구불만 원인은 3년 전부터 시작된 금욕생활로 인한 것이었다. 성욕이 해결되지 않으니 만사가 귀찮고, 짜증나고, 재미없었던 것이다.

보통 넘쳐나는 청소년기의 성욕을 해소하려면 자위 대신 농구나 운동을 해보라고 조언을 한다. 그러나 막상 청소년들은 그런 조언 좀 그만했으면 한다는 반응들이다. 일단 성욕이 '전환'이나 '승화'되는 경우는 좀 드물다. 성욕은 성욕으로 끝을 봐야 한다.

따라서 나는 그에게 리얼스킨 느낌의 성인인형을 맞출 것을 솔루션으로 제시했다. 그 길로 그는 성인용품점으로 달려갔나 보다. 그리고는 카탈로그를 가져와 나에게 들이밀며 마치 새로운 놀잇감을 발견한 초등학생처럼 홍조 띤 얼굴로 '소장님, 이게 좋을까요? 아니면 얘가 좋을까요? 제 취향은 이 인형인데, 이거는 제작하려면 한 달 이상 걸린다고 합니다.' 라며 흥분한 어조로 이야기한다.

윤 교수는 고르고 또 골라 결국 본인의 취향에 맞는 리얼돌을 선택했고 주문했다. 이름을 '라라'라고 붙였고, 성병 걱정 없고 이 세상에 단 하나밖에 없는 그만의 애인을 만들고는 만족해했다.

그렇게 라라와 즐거운 성생활을 하고, 주말에는 다시 골프장에 나가 취미생활을 영유하던 윤 교수.

어느 날 라라의 오른쪽 팔이 빠지자 AS를 보내야 하는 상황이 생겼다. 그는 얼마나 라라를 아꼈는지, AS보내는 라라가 탄 택배차량 앞에서 그만 무너져버리고 말았다. 마치 구급차 타고 병원 가는 애인을 보내 듯, 윤 교수의 눈에서는 눈물이 주르륵 흘렀다.

"소장님, 저 어떻게 해요. 흑흑흑… 라라가 AS가면 한 달 있다가 온대요."

결국 그는 미미라는 리얼돌을 하나 더 샀다. 눈까지 깜빡거리는 미미는 인형인지 사람인지 헷갈릴 정도로 진짜 같았다. 그렇게 윤 교수의 리얼돌 애인은 결국 둘이 되었다. 그러면서 활력을 찾은 그의 모습은 매우 보기 좋았다. 더 이상 금요일에도 일이 손에 안 잡히거나 하지 않았다.

"소장님, 라라와 미미가 있으니 이렇게 좋을 수가요. 첩을 두 명이나 덤으로 얻은 느낌입니다. 하하하!"

본인이 가장 행복한 방향으로 가는 게 인지상정이다.

제일 효과 빠른 치료법이기도 하다.

의상전환장애는 다양한 양상을 띤다. 앞서 보통 이성애자인 남성에게 많이 나타나는 도착증세라고 설명하였다.

나의 또 다른 내담자 중에 어떤 이는 양복 안에 늘 팬티스타킹을 신고 출근했다. 그는 내가 책을 쓴다고 하니까 너무나 반색하며 본인의 이야기를 꼭 넣어 달라고 하기도 하였다. 나이는 30대 중반 정도의 잘생기고 매력적인 유부남이었던 그는 위 사례 윤 교수처럼 전문직에 종사하는 능력남이었다.

그는 직원들이 퇴근하고 난 다음에 여직원들 책상 쪽 쓰레기통을 뒤진다고 한다. 신다가 나가서 버려진 스타킹이라도 하나 발견하면 그 날은 운수대통이라고 한다. 버려진 스타킹의 냄새를 맡으며 자위를 하거나 본인이 직접 신기도 하며 의상전환장애증상을 보인다. 그리고 예쁘게 화장하고 가발을 쓰고 여자 옷을 입고는 동영상을 찍거나 사진을 찍어 SNS에 올리고선 '예뻐요.' '나랑 사귈래요?' 등의 여자로 그를 착각하는 남자들의 댓글을 보면서 희열을 느낀다고 한다. 나도 그가 올린 사진을 봤는데 정말 감쪽같이 여자 같았다.

보통 성도착장애는 어느 정도 능력있고 벌이 괜찮고 살 만한 사람들의 생활 속 염증 탓에 부지불식간 고착화되는 편이다.

윤 교수는 3개월 밖에 안 되었고, 다른 취미를 찾던 중 빠져든 것이라 리얼돌 라라와 미미로 해결이 되었으나, 위에서 거론한 30대 중반의 내담자는 이미 고착화된 지 오래라 기존 솔루션이 별로 통하지 않았다. 다만 그의 조울증 증상도 완화할 겸 끊임없는 상담을 하며 성을 왜곡된 취향만이 아닌 즐겁고 경쾌한 부분으로 받아들이게끔 훈련을 하였더니, 최근에는 일반적인 성생활도 재밌다는 걸 알았다는 기쁜 소식을 듣기도 했다.

- 관계를 들여다보면 당신이 보인다. by MOON

<h1 style="text-align:center">"내 유혹에 빠지지 않는 여자는 없다"</h1>

* 픽업 아티스트(pickup artist, PUA)

픽업 아티스트란 성교할 상대, 특히 여성을 찾고 그 상대의 관심을 끌고 유혹하는 것을 직업으로 삼는다고 주장하는 이들이다. 2012년 대한민국 가정법원은 "여성을 만나는 일은 정당한 직업행위라는 주장은 설득력이 없다"고 판시했다.

위키백과

성상담소를 개소하고 나는 따분한 하루하루를 보내던 중이었다. 저 멀리서 한 눈에 봐도 강한 수컷향기를 풍기며 한 남자가 등장했다.

"아, 안녕하세요? 흠흠…… 성심리상담소에 오신 걸 환영합니다."

남자는 고개만 까딱하더니 내 의자 맞은편에 배치된 푹신푹신 안락한 의자에 털썩 앉는다. 나이는 30대 중반 정도 되었으려나…… 검은 반코트에 모직 머플러를 했고, 헤어스타일도 깔끔, 외모가 전체적으로 깔끔한, 훤칠한 키에 딱 인텔리의 향기가 느껴지는 차도남이다. 그는 눈을 한 번 찡긋하더니 내게 말을 건다.

"선생님 정말 미인이시네요."

헉… 그런데, 이렇게 멘트를 날리는 그의 눈빛에 초점이 없다. 무지 잘생겨서 혹하고 넘어갔다가 헉 하고 빠져나올 만큼 진심이 느껴지지 않았다. 딱 영혼 없는 그런 류의 멘트…… 어디선가 뻐꾸기 꽤나 날려 봤을 법한 그런 멘트이다.

"아, 하하하! 감사합니다. 성심리상담이 어떤 상담치료소인지는 알고 오신 거죠? 저희는 성기능장애(조루, 지루, 발기부전, 불감증)심리치료와 성 이상 행동에 따른 우울증 치료를 전문으로 하는 치료기관입니다. 내담자분은 어느 부분이 걱정돼서 오셨나요?”

“아 저는 김주환이라고 합니다. 사실은 말입니다, 애인이 있어요. 정말 예쁘고, 물론 선생님보단 덜 예쁘지만요.”

“(이 남자 멘트가 아주……) 주환 씨는 애인을 많이 사랑하시나요?”

“네… 결혼할 건데요. 그런데… 제가 자꾸 다른 여자들을 찾아요. 애인 몰래 거의 매일 클럽에서 새로운 여자를 물색하고 번호를 따냅니다. 그리고 그 여자와 모텔로 직행하고요.”

“애인에 대한 죄책감이 있으시겠군요.”

“처음엔 그랬는데, 이제 아주 만성화 되어서 죄책감도 무디어졌어요. 저는 여자를 꼬신 다음 모텔에 가는 것보다도 여자가 저에게 넘어오는 과정 자체를 즐기는 것 같습니다. 그리고 더 큰 문제는 말입니다. 클럽에서 여자를 꼬시는 게 지루해지니 이제는 성적으로는 얽혀서는 안 되는…… 예를 들면 직장상사라든지, 거래처 여사장이라든지, 회사 법률 자문가 변호사라든지, 사모님 고객이라든지, 이런 사회적 관계에서도 제가 여자면 무조건 만나버리는 바람에 일에도 지장을 주는 거예요. 여차하다가는 그 여자들과 사회적 관계까지도 유지하기가 힘들게 되는 거죠. 저는 꼬시고 넘어오면 그거면 되는데, 저랑 자고 나면 여자들이 매달려요. 그래서 부담스러워 피하고 잠수를 타면 일에 손실이 생기니…….”

“아… 고민이 많으셨겠군요. 애인에게 죄책감이 드는 건 차치하더라도 그러면 안 되는 사회적 관계의 여성들과도 성관계를 갖는 바람에 자꾸 일에 차질이 생기시나 보네요.”

“네…… 괴로우면서도 그 버릇이 안 고쳐지네요. 성적인 관계가 되면 사회적으로 질타를 받을 그런류의 여자들에게는 이상하게 도전의식이 더 생긴다 말이죠. 클럽에서 만나는 여자들은 아무리 예쁜 여자도 저한테는 쉽게 다 넘어오거든요. 그런데 나이가 지긋하신 여성분인데…… 평생 남편밖에 모르고 살고… 그런 사모님을 보면 꼭 제 걸로한 번 만들어보고 싶다는 도전의식이 타오릅니다. 그런 사람일수록 저항이 어느 정도 있기 때문이죠. 그래도 몇 번 작업하면 결국은 넘어와요. 모텔에 따라오는 순간 저는 속으로 쾌재를 부릅니다. 그러나 관계를 하고나면 다시 공허해져요. 욕망이 채워지지 않는다구요."

그는 괴로운 듯 허망한 눈빛으로 나를 쳐다봤다. 그런 와중에 나에대한 성적인 도전 의식으로 살짝 바뀌는 듯한 그의 표정을 읽을 수있었다. 아니나 다를까, 그의 다음 말이 가관이다.

"선생님은 결혼하셨나요? 저 같은 스타일 어떠신가요? 객관적으로딱 남자로 보기에요."

"아, 저는 물론 결혼했습니다. 흠…… 뭐 김주환 씨는 솔직히 여자로써 판단하기에 충분히 매력적이긴 합니다만… 여자들도 주환 씨에게뭔가 바라는 것이 있지 않을까 싶은데요. 이를 테면 클럽에서 만난 여자 같은 경우 선물이나, 금전적인 걸 얻기 위해 김주환 씨에게 끌리지도 않으면서 응하는 것일 수도 있잖아요. 그런 부분은 생각 안 해보셨는지요."

순간 그의 미간이 찌푸려졌다. 자존심을 살짝 다친 듯했다.

"아닙니다. 여자들은 모두 저를 진심으로 대한다고 생각해요. 그녀들의 눈빛이나 행동이 말해주고 있어요. 저한테 목적을 갖고 관계에응하는 여자는 못 봤다구요!"

찡그리는 그의 얼굴을 보면서 이제 제대로 치료가 되겠구나 싶었다. 여자들에 대한 자만심에 가득 찬 그가 무너지고 있는 허를 틈타 나는 그의 상처받은 영혼에 대해 좀 더 자세히 탐구해야겠다고 생각했다.

그렇다. 그는 상처투성이였다.

훤칠한 외모, 깔끔한 스타일, 좋은 학벌, 경제적 능력. 무엇 하나 뒤처짐이 없는 그는 결혼을 앞둔 완벽한 싱글남이었고, 예쁘고 참한 애인을 두었음에도 불구, 끊임없이 새로운 여자에게 도전하고, 그 여자가 본인에게 넘어오는 과정을 매우 즐긴다.

그러나 타인에게 인정받으면서 느껴지는 충만한 자신감을 더욱 만끽하기 위해 계속 이러고 살다가는 온갖 사모님이나 클럽에 오는 여자들 모두에게 도전할 것은 명약관화(明若觀火)한 일이었다. 심적, 물적 큰 충격을 받거나 어떠한 경각심이 부여되지 않는다면 그의 행동은 계속될 것이고, 이런 행동은 하면 할수록 직성이 안 풀릴 것으로 보여졌다. 이미 그의 행동은 멈추기가 힘들 정도로 중증이었기 때문이다. 이런 행동이 반복될수록 인정받아 얻는 기쁨은 잠시이고 이내 공허해진다는 그의 말처럼, 더 사회적으로 용납받기 힘든 대상들로 대상이 확대되면서 증세가 악화될 것이다. 결국은 사회적 질타와 원한, 발기부전과 각종 성병, 본인은 애인과의 관계 파국, 더 나아가서는 타인에게는 가정의 파괴, 법적 소송…… 이런 류의 끔찍하면서도 다양한 결과들이 예상되었다.

당장 치료가 시급했다. 그를 위한 심리검사, 적성검사, 설문지를 몇 가지 숙제로 주었다.

다음 주 2차 상담일자를 잡고 그를 보내면서 참으로 씁쓸했다. 저 사람은 어떠한 심리적 니즈가 충족이 안 되어 끊임없이 자아확인 작업을 하는 걸까. 그것도 본인이 아닌 타인의 인정을 통해 자아를 확인하고, 그 방법을 섹스로 표출하다니……

남자의 성적 행동은 반드시 이유가 있다. 프로이트 이론을 간단히

빌리자면 성적 리비도가 형성되는 시기에 이루어진 고착. 예를 들면 유아기 때 고착된 어머니에 대한 각별한 애정이나 또는 애정의 결핍으로 인해 바람둥이가 될 수도, 섹스중독자가 될 수도, 혹은 사디스트가 될 수도 있는 것이다.

김주환 씨처럼 사회적으로 인정받고 싶은 욕구를 여자들에게 작업거는 것으로 해소하는 경우도 있다. 이런 부류의 남자들은 그러면서 자아를 끊임없이 확인한다. 끊임없는 자아 확인 작업은 치료 전에는 멈추지 않는다. 그렇다고 온 세상 지구 여인네를 다 꼬시고 다녀도 채워지지 않는다. 오히려 더 공허해질 뿐……

주환 씨의 심리검사 분석 결과, 그는 과시욕이 많고 자존심이 매우 센 사람으로 나왔다. 본인의 자아성찰이 중요한 것보다는 남의 눈에 비치는 자신이 더 중요한 사람이었다. 나는 여자들에게 계속 인정받으면서 자아를 찾아가는 그의 성격을 보고 어린 시절 무엇인가가 그의 성격적 결함의 원인이 되지 않았을까 싶었다.

아니나 다를까 주환 씨의 어린 시절 이야기를 듣게 된 나는 내 생각이 틀리지 않았다는 걸 확신하게 되었다.

아빠는 누군지도 모르는 주환 씨, 화류계 생활을 했던 엄마는 어린 주환 씨를 집에 놔두고 밤늦게 출근했다가 아침이 다 되어서야 돌아오기 일쑤였다.

늘 혼자 지내는 생활에 이골이 났던 주환 씨는 술 취한 엄마가 구두굽 소리를 거칠게 내며 들어오는 새벽이면 눈을 부비며 '엄마~'하고 품에 안기려 했고, 엄마는 그런 주환 씨를 잠깐 못 이기는 척 안아주고는 이내 귀찮다는 듯이 팽개치고 잠이 들었다.

'엄마, 엄마……' 하며 어린 주환 씨가 잠든 엄마를 깨울라치면 엄

마는 본인 잠이 깬 게 화가 나서 더욱 거칠게 짜증을 내며 주환 씨를
밀쳐내었다.

더군다나 일을 안 나가는 날은 집에 '삼촌'이라는 명목으로 모르는
아저씨가 매번 바뀌어서 집에 와 있었고, 엄마와 그 새로 본 '삼촌'들
은 집에서 담배연기를 마구 내뿜으며 희희낙락했다.

엄마는 새로운 '삼촌'이 오면 주환 씨에게 용돈을 쥐어주며 오락실
이나 만화방, 친구 집에서 놀다오라고 하였다.

어느 날 몸이 아파 학교에서 일찍 조퇴하고 돌아온 초등학생 주환
씨. 방 두 칸짜리 월세 반지하의 엄마 방에서 '아, 아…….'하는 엄마
의 신음소리를 듣게 된다.

"엄마, 어디 아파?" 하고 방문을 열어본 주환씨는 모르는 '삼촌'이
엄마의 치마를 올리고 엄마의 배 위에서 마구 짓누르고 있는 광경을
목격한다.

"삼촌, 내려와요. 우리 엄마 아프게 하지 말아요. 으앙."

하고 어린 주환 씨는 '엄마를 아프게 하는 삼촌'으로부터 엄마를 필
사적으로 지키려 노력했지만 결국 실패하고 만다.

그 날의 충격이 아직까지 머릿속에 있고 주환 씨는 그 때부터 본인
을 본인보다 훨씬 더 큰 삼촌에게 명백히 패배한 '패배자'라는 죄책감
을 갖고 자라오게 된 것이다. 사람 품이 그리운 환경에서 자라온 그는
본인에게 조금만 잘해주는 사람이 있으면 온 정을 다 쏟아부으며 마
음을 주었다.

사춘기가 지나고 대학을 가게 되자 잘생기고 키도 훤칠한 그에게
대시하는 여자들이 많아졌다. 주환 씨는 그 여자들 모두 따스하게 굽
어살피사(?) 그 여자들 모두와 관계를 하게 된다. 공부도 곧잘 해서

명문대학을 나왔고, 좋은 직장을 잡아 회사에 들어가자 이제는 주환 씨 본인이 여자들에게 돈을 쓸 수 있는 환경이 조성되었다. 지금까지 주환 씨에게 돈을 써가며 달려들던 여자들에서 벗어나 본인도 드디어 '선택권'이라는 것이 생긴 것이다.

이때부턴 물불 안 가리고 본인이 호감을 느끼는 여자라면 모두 대시하게 된다. 대시를 받기만 했던 생활을 넘어서 '선택'을 하고 누군가를 쥐락펴락 할 수 있다는 것은 매우 매력적인 일로 느껴졌다. 잘생긴 주환 씨가 돈까지 화통하게 쓰니 여자들이 백이면 백, 다 넘어왔다.

그래서 사태가 이 정도로 심각해진 것이고, 결국은 본인에게 쉽게 정복당하는 여자가 지긋지긋해지자 이제는 어려운 대상, 사회적 관계인 대상들에게까지 손을 뻗게 된 것이다.

애인이 생겨봤자 사귀는 초기 1개월만 애인에게 집중했다. 결국은 1개월 후에 시들해지면 다른 여자들을 찾아나섰고 애인들은 이 사실을 알게 되면 불같이 화를 내고 주환 씨 곁을 떠났었다고 한다.

지금 오래 사귀고 있는 예쁜 애인 이민지 씨는 주환 씨를 철썩같이 믿고 있다고 했다. 주환 씨를 단 한 번도 추궁한 적도 없고 무조건 믿어주는 여성이었다. 그래서 주환 씨 곁을 떠나지 않고 최초로 오래토록 곁에 머무는 여자가 되었고, 결혼까지 앞두게 된 것이라고 한다.

그러나 어느 날, 주환 씨가 황급히 상담소 문을 두드렸다.

"어? 김주환 씨, 예약은 수요일인데요? 오늘 월요일인데…… 무슨 일이 있었나요?"

"큰일 났어요, 선생님."

곧 울음이라도 터트릴 것 같은 주환씨의 일그러진 표정.

"…… 민지에게…… 다른 남자가 있나 봐요."

"네? 그걸 어떻게 알게 됐죠?"

"민지랑 지난 주말에 같이 영화 보러 갔는데, 민지가 잠깐 화장실 간다고 해서 제가 민지 가방을 대신 들고 있었어요. 근데 카톡소리가 나길래 백을 열어 전화를 봤어요. 마침 화면에 메시지가 떠 있더라구요. 그래서 봤더니…… 어떤 남자 이름의 개새끼가 '민지야. 보고싶어. 사랑해. 어디야? 나 지금 잠실인데. 내가 집 앞으로 갈까?' 이런 식의 메시지를 보냈더라구요. 지금까지 민지가 절 한 번도 추궁한 적이 없었고, 저도 민지에게 이 메시지를 본 걸 표를 내면 민지가 제 핸드폰도 보자고 할까 봐…… 그래서 그냥 모르는 척했어요. 몸이 아프다고 핑계대고 그 날은 일찍 헤어져서 집에 와서는 지난 번 클럽에서 만난 예쁜 여자한테 연락했어요. 바로 모텔에서 만났는데…… 글쎄, 머릿속에 온통 증오와 질투로 가득차서 거시기가 서질 않는 겁니다. 흥분이 도무지 안 되어서 미안하다고 하고 집으로 돌아왔는데요. 오늘도 일을 하려고 하는데도 아무런 집중이 되지 않았어요. 온통! 온통! 그 생각뿐입니다. 선생님… 저 어떡해요. 너무 두려워요. 민지가 제 곁을 떠날까 봐요. 그 새끼랑 뭔 짓을 했을지…… 생각만 해도 끔찍합니다."

그는 심하게 무너지고 있었다. 거의 '자아붕괴' 수준이었다. 타인에게 인정받는 것에서 자아를 찾고 있던 사람이 사랑하는 여자의 배신 전야 앞에서 이렇게 한 없이 허무하게 무너져버렸다.

어린 시절 삼촌에게서 엄마를 뺏길 것 같아 목 놓아 울던 어린 주환이가 되어있었던 것이다. 어린 시절의 트라우마가 그를 또 한 번 패배의 두려움으로 마구 몰아가고 있었다.

일단 그의 어린 시절로 돌아가 상처받은 영혼부터 치유하는 것이

시급했다.

지금은 엄마가 폐암으로 세상을 떠난 지 8년 정도 되셔서 안 계시다고 했다. 따라서 게슈탈트 치료법의 일환인 '빈 의자 기법(현재의 치료 장면에 와 있지 않은 사람과 관련된 사건을 다룰 때 많이 사용되는 방법이며, 특정 인물이 빈 의자에 앉아 있다고 생각하고 하고 싶은 말을 하도록 하는 방법.)'을 사용하였다.

"자, 김주환 씨, 지금 이 의자에 엄마가 앉아계세요. 엄마에게 그동안 못 했었던 말들 모두 한 번 해보세요."

"……."

"괜찮아요. 엄마도 다 이해하실 거예요. 어린 주환이부터 성인이 된 주환 씨까지…… 그 동안 하고 싶었던 이야기, 오늘 모두 한 번 엄마에게 털어놓으세요."

내가 부드럽게 한 번 더 권유하자 주환 씨는 봇물 터지듯 빈 의자에 대고 이야기를 하기 시작했다.

"엄마, 그 때 왜 나 한 번만 꼭 안아주지…… 왜 그리 밀쳤어. 내가 그렇게 싫었어? 그리고 그 삼촌이 엄마 아프게 했을 때 왜 엄마 도와주려는 나한테…… 왜… 흑흑… 왜 화를 냈어… 왜 쫓아냈냐구……흑흑흑."

주환 씨의 감정이 격앙되면서 어깨가 마구 들썩이기 시작했다. 나는 그저 어린 주환이가 되어 엄마의 사랑을 간절히 갈구하고 있는 주환 씨의 등을 부드럽게 쓸어 주었다.

그리고 주환 씨의 엄마를 대신해 내가 말하였다.

"미안하다… 주환아, 널 사랑하지 않았던 게 아니야. 너를 잘 키워야하기 때문에 엄마도 너에게 그러면서 많이 힘들었단다. 정말 미안하다. 그리고 사랑했다. 우리 아가."

주환 씨와 나는 그렇게 서로 붙들고 엉엉 한 바탕 울었다. 정말 가슴이 아팠다. 어린 시절에 엄마가 구출해주려는 자신을 버리고 아프게 하는 삼촌을 선택했다고, 엄마에게 배신당했다고 믿었던 주환 씨의 그 상처가 결국 한 여자의 사랑을 믿지 못하고 계속 보험 들 듯 대비책을 마련하며 여자들을 바꿔 만나는 바람둥이 주환 씨를 만들어 낸 것이었다. 한 여자만 바라보고 믿고 있다간 어린시절 삼촌을 택하고 떠났던 엄마처럼 분명 본인을 버리고 다른 남자를 선택해 떠날 것만 같았기에 계속 이런 행동이 되풀이 되었던 것이다. 그리고 현재의 애인 민지 씨에게도 어린시절 엄마가 오버랩되어 주환 씨는 못 견디게 두려워하고 있었다.

그렇게 빈 의자 치료법으로 후련하게 눈물을 쏟아 낸 후, 나는 주환 씨에게 한 가지 처방을 내려주었다. 민지 씨에게 더욱 잘 해주고 신경써주라고. 다른 여자에게 눈독 들이거나 하는 행동은 오늘로서 그만두고, 만약 다른 여자에게 본능적으로 대시하고 싶다는 생각이 들면 황급히 그 자리를 피해 버리거나 민지 씨에게 안부전화를 하거나 카톡을 한 줄이라도 더 하라고 했다. 그리고 민지 씨가 지금껏 믿어주고 추궁한 번 안한 것처럼 주환 씨도 민지 씨에게 그 어떠한 추궁도 하지 말 것이며, 그저 무조건 잘 해주고 좋은 시간을 보내도록 노력해보라고 했다.

그리고 나서 둘의 섹스에 대해서 물었더니, 그 동안 다른 여자와의 새로운 섹스가 늘 기다리고 있었기 때문에 민지 씨와는 다양한 체위라든지 양껏(?) 제대로 섹스를 즐겨 본적이 없다고 한다.

"자, 주환 씨. 이거 선물이에요."

"이게 뭔가요?"

포장을 뜯어 본 주환씨의 얼굴에 이내 미소가 번졌다.

"바이브레이터네요."

"네, 여자는 클리토리스(음핵) 자극으로 섹스 만족을 많이 느껴요. 특히 G-spot이 아직 개발전이라면 말이죠, G-spot은 평생 모르고 사는 여자들이 많지만 음핵은 여자라면 누구나 다 있으니까 주환 씨가 먼저 입으로 살살 애무해주다가 전희 시 이걸 음핵에 사용해 주세요. 음핵은 '신이 여성에게 준 가장 귀한 선물'이라고 할 정도로 오로지 성적인 자극만을 위한 신체부위입니다. 남자의 귀두는 요도구가 있어 소변을 나오게 하는 기능도 하지만 음핵은 그렇지 않잖아요."

다음 회기 상담 때 만난 김주환 씨의 표정은 한결 밝아져 있었다.

"요즘 민지 씨랑 어떠세요?"

"민지랑 주말에 속초 다녀왔어요. 해변가 앞 분위기 죽이는 펜션에 자리를 잡고 선생님이 주신 진동기로 애무를 해주었더니 아주 숨이 넘어가더라구요. 그렇게 절정을 느낀다 싶을 때 선생님 말씀대로 삽입을 했더니 바로 오르가즘에 오르더라구요. 지금까지 민지가 그렇게 미치는 걸 본 적이 없습니다. 그날 밤 민지는 7번 느꼈다고 하네요, 하하하! 쑥스럽지만요. 그리고 바닷가 횟집에 앉아 소주를 마시면서 이야기를 많이 했어요. 앞으로 결혼 문제라든지, 서로의 사랑, 신뢰……이런 부분이요. 마음을 터놓고 얘기하니 정말 아무것도 우리 사이에 장애가 될 게 없더라구요. 서로 한층 성숙한 사랑을 하고 온 느낌입니다. 몸과 마음 혼연일체가 되어서 이제는 우리의 사랑을 아무도 갈라놓지 못할 거란 확신이 서네요. 앞으로 결혼식 생각만 해야죠. 다음 주에 상견례 합니다."

결국 김주환 씨는 약 5개월에 걸친 10회기의 심리치료를 받고나서

달라졌다. 이전과 비교해 가장 크게 변화한 점은 좀 더 의미있는 일로 여가시간을 보내게 되었다는 것이다. 여자 만나느라 쓰던 시간과 경제적 낭비가 모두 건전한 방향으로 전환이 되었다. 좋아하던 축구모임에 다시 나가며 다른 여자에 대한 성적 에너지를 축구로 돌려 몸도 더 좋아졌을 뿐만 아니라, 정력도 아울러 좋아져 애인 민지 씨와 더욱 뜨거운 사랑을 할 수 있게 되었다. 영화나 공연 감상을 즐기기도 하고, 사회봉사활동도 참여하게 되면서, 여자들과 성적인 교류만 나누던 삶에서 정말로 진정한 사회적 나눔을 실천함으로 삶 자체가 완전히 탈바꿈되었다. 이렇게 주환 씨는 매우 값진 나날들을 보내고 있었다.

나는 그의 결혼식에 참석했다 눈부신 신부와 화사하게 웃고 있던 주환 씨가 다가와 반색을 표한다.

"주환 씨, 신혼여행은 어디로 갈 거예요?"

"하하하! 영국, 스페인으로요. 프로축구경기도 직접 구경할 겸 갑니다. 선생님 덕분에 너무나 행복하게 인생을 보내는 법을 터득하게 됐어요. 정말 감사합니다."

치료사에게 가장 기쁜 순간은 이런 순간이 아닌가 싶다.

멈출 수 없는 탐욕으로 절어 있던 흐리멍덩한 눈빛은 말끔히 사라져 있었다. 턱시도 차림의 멋진 새신랑 김주환 씨, 흠… 눈빛까지 맑아지니 가뜩이나 잘생긴 외모가 천 배, 아니 만 배는 빛이 났다.

내겐 또한 첫 내담자라서 더욱더 잊지 못하는 한 남자로 남아있다.

보통 이렇게 무분별하게 타인과 성관계를 갖는 이들을 성욕과잉장애로 분류하는 기준도 있으나, 주환 씨의 사례는 성욕과잉증의 개념과는 완벽하게 일치하진 않았고, 내면의 심리적 요인, 특히 어린 시절의 트라우마가 그의 행동을 붙잡고 있는 사례였다. 주환 씨의 대사 "저는 섹스 자체보다는 여자를 꼬시는 과정을 즐깁니다."라는 말로 추측해 볼 수 있듯이 그의 목적은 섹스가 아니었다. 그는 성욕이 과다한 것과는 거리가 좀 있었다.

10회기의 상담과정을 거치며 그의 어린 시절 트라우마가 치유되어 한 여자에게 집중해가는 것을 보며 주환 씨같은 사례는 정말 심리치료가 우선 되어야 한다는 것을 더욱 느끼게 되었다.

이런 사례는 바람둥이라고 치부해버리는 안일한 태도보다는 적극적인 상담을 받으며, 다소 시일이 오래 걸리더라도 어린 시절부터 하나씩 하나씩 풀어가는 것이 관건이다. 남자의 성적행동은 어린 시절의 부모와의, 특히 엄마와의 유착관계에서 나오는 경우가 많다.

프로이트는 이야기했다. 6세정도의 남아는 엄마를 사이에 두고 아빠와 경쟁하는데, 아빠의 성기가 본인의 그것보다 크다는 걸 감지하는 순간 좌절을 경험한다.

이 사례의 주환 씨는 아빠도 아닌 모르는 삼촌에게 좌절을 경험했고, 그것이 성인이 되어서도 트라우마로 자리잡아 주환 씨의 성적 행동에 영향을 미쳤던 것이었다.

따라서 게슈탈트의 '빈 의자치료기법'을 사용하여 아픈 내면을 꺼내어주었고, 그 순간 상담가가 주환 씨의 엄마가 되어 함께 공감하고 지지해주고 오해를 풀어주면서 치유가 되는 과정을 그린 사례였다.

- 관계를 들여다보면 당신이 보인다. by MOON

Lesson 3
성불편 장애

"이렇게 살아서 뭐해, 동고동락 동성 커플"

* 성 불편증

성 불편증(Gender Dysphoria)은 자신의 생물학적 성과 성역할에 대해서 지속적으로 불편감을 느끼는 경우를 말한다. 이러한 불편감으로 인해서 반대의 성에 대한 강한 동일시를 나타내거나 반대의 성이 되기를 소망한다. 예를 들어, 신체적으로 남성임에도 불구하고, 남자라는 것과 남자의 역할을 싫어하여 여성의 옷을 입고 여성적인 놀이나 오락을 좋아하는 둥 여자가 되기를 소망하며 대부분 성전환 수술을 원하게 된다. 이러한 장애는 아동에서부터 성인에 이르기까지 다양한 연령대에서 나타날 수 있으며 성정체감 장애(Gender Identity Disorder) 또는 성전환증(Transsexualism)이라고 불리기도 한다.

권석만 〈이상심리학의 기초〉

경현중 씨를 처음 본 것은 어느 케이블 TV에서였다.

그녀는(?) 그는, 아, 아직 수술을 안 했으니 '그'이다. 그는 곱상한 외모에 여성스러운 말투를 가지고 있었다. 그리고는 토크쇼에서 당당히 이야기했다. 본인은 남자친구가 있고 함께 동거중이며 수술비를 모으느라 이태원 트랜스젠더 바에 나가서 일을 하고 있다고.

현재는 국내 최고 명문대 3학년생이며 남자친구도 같은 학교 캠퍼스 커플이라고 한다. 동갑내기 커플이라 동일한 3학년이다. 군대도 비슷한 시기에 다녀왔고 복학도 비슷한 시기에 마치 맞춘 것처럼 했다.

현중 씨는 대구 출신, 현중 씨의 남자친구인 민우 씨는 대전 출신이다. 둘 다 멀리서 온 가난한 고학생이었던 셈이다.

처음에 현중 씨는 제2차 성징을 겪으면서 본인이 남자를 좋아한다는 사실을 알게 되었다. 그냥 남자만 좋아하면 게이지만, 현중 씨는 더 나아가 여자가 되고 싶어 하는 성 불편증이었던 것이다.

그는 어렸을 때부터 남자아이들이 과격한 놀이를 하고, 칼싸움을 할 때 여자아이들과 소꿉장난을 하는 게 더 재밌었다. 워낙 예쁘장한 외모 때문에 여자아이들은 현중씨와 노는 걸 피하지 않았었다. 그래서 학창시절에도 늘 여자친구가 많았다. 여자친구들은 그의 성적 취향을 알 리 없으니 공부도 잘하고 얼굴도 잘생긴 그에게 늘 대시를 하고 고백을 했다. 그러나 그는 전혀 관심이 생기지 않았다. 그리고 본인의 성향을 깨닫게 되고 나서는 아무런 의욕도 일지 않았다.

'공부를 열심히 하면 뭐해. 어차피 난 이상한 사람인 걸. 사람들이 나의 실체를 알게 되면 모두 피하고 도망갈 거야. 난 혼자 남을 텐데……'

이러한 관념들 속에 그는 깊은 슬럼프와 처절한 성장통을 앓게 되었다. 그러다 보니 성적은 자꾸 떨어져서 결국은 원하는 대학에 떨어지고 말았다. 그래서 서울로 올라와 학원가가 밀집해 있는 노량진으로 와서 기숙형 재수학원을 등록하고 서울에서 공부를 하게 되었다.

재수를 하면서도 모든 의욕을 상실하고 의기소침한 마음에 자꾸만

나락으로 떨어지고 있던 어느 날, 잠시 외출했다가 터벅터벅 학원 쪽으로 걸어가는데, 현중 씨는 본인의 취향에 딱 맞는 멋진 남자와 맞닥뜨린다. 현중 씨는 한 눈에 봐도 남자다운 남자가 좋았다. 그런 남자가 걸어오는데 마치 뒤에 후광이 비치는 듯 했다. 멍하니 그를 쳐다보다가 현중 씨는 그를 쫓아가 말을 걸었다.

“저기요, 저…… 지금 몇 시인가요?”

딱히 할 말이 없었다. 남자가 ‘시간 있나요?’ 라고 같은 남자에게 물어보면 분명 이상하게 생각하고 도망갈 것이 뻔하기 때문이다.

“일곱 시 사십분이네요.” 매력적인 그 남자는 더욱더 매력적인 미소를 지으며 현중씨에게 친절히 시간을 알려주었다.

“저기…… 이 근처 학원 다니세요? 저는 여기 정상학원에 다니고 있어요.”

“아, 네. 저는 정상학원 맞은편 대박학원에 다니고 있는데요.”

“아. 댁도 재수하나 보네요.”

“네, 그래요.”

“우리 같은 재수생끼리 소주나 한 잔 합시다. 제가 살게요.”

그렇게 현중 씨는 그 남자를 데리고 근처 포장마차로 향했다.

오늘은 토요일이라 저녁에 자유시간이 조금 주어진 상태였다.

현중 씨는 떨리는 마음을 다잡고, 일부러 아무렇지도 않은 듯 그 남자를 대했다.

“통성명이나 합시다. 저는 경현중이고요, 대구에서 왔어요. S대 신방과가 목표입니다.”

“어? 저도 S대 신방과 목표로 공부하고 있는데요. 저는 서민우라고 해요. 대전에서 왔죠. 이거 정말 반가운데요. 같은 학교 같은 과 목표로 하는 사람을 이렇게 마주하고 소주를 마시다니요.”

그렇게 둘은 술잔을 주거니 받거니 하며 밤이 새는지도 몰랐다. 술이 얼큰히 취하니 재수생의 고뇌가 씻은 듯이 사라지는 듯한 기분에 들뜬 현중 씨, 거기다가 이렇게 가슴떨리는 이상형과 함께 술을 마시게 될 줄이야. 현중 씨의 기분은 최고였다. 그러나 그에게 본인의 성향을 표현할 수 없는 것이 안타까웠다.

둘은 취해서 어깨동무를 하고 노래를 부르며 그렇게 1차, 2차, 3차 옮겨다니다가 결국은 기숙사 통금시간을 생각하고 깜짝 놀라 기숙사 쪽으로 갔으나, 이미 문은 굳건히 잠겨 있었다.

결국 방법이 없어서 근처 여인숙으로 갔다. 편의점에서 소주와 새우깡을 더 사서 방에서 먹기로 하고 들어갔다. 한 잔 더 하면서 현중씨가 술기운에 용기를 내어 고백했다.

"사실 아까 처음부터 너 보고 좋았어. 그래서 시간 물어본 거야."

이상하게 쳐다볼 줄 알았던 민우 씨가 의외의 반응을 보였다.

"나도 너 좋아."

그 둘은 그 날 밤 처음으로 동정(?)을 뗐다.

현중 씨는 그 후로 인생을 다시 보게 되었다. 우울하고 의기소침하던 기분은 싹 날아갔고, 인생의 목표가 생겼다고나 할까.

그를 위해서 예쁜 여자가 되겠어. 그러려면 돈을 모아야지. 돈을 잘 벌려면 목표한 대학 그 과에 꼭 붙어야해. 그런 다음 엄청난 기사를 써서 인정받아야지. 그를 위해 꼭 여자가 될 거야.

현중 씨의 이런 결심은 더욱더 가속도로 스스로를 다그쳐 공부를 하게 만들었다. 결국 현중 씨와 민우 씨는 나란히 S대 신방과에 합격하였고, 그 둘은 아무도 모르는 캠퍼스 커플이 되었다. 각각 대구, 대전에서 오는 생활비를 모아 자취방 하나를 얻어 같이 살며 충당하고,

그 둘은 그렇게 동거를 했다. 주변에서는 착하고 공부 잘하고 잘생긴 두 남학생으로 비춰진 그들, 그들은 둘만 있는 것이 제일 좋았다. MT를 가든, 어딜 가든 둘 만의 세상이 전부였다.

"그러면 상담은 왜…… 현중 씨?"

"선생님. 방송에서 보셨다고 했지만…… 제가 지금 민우를 위해서 수술하려고 이태원 바에서 일하며 돈을 벌고 있잖아요."

"네, 그렇다고 하셨어요."

"그런데…… 민우가 요즘 행동이 이상해요. 아무래도 다른 남자가 생긴 것 같아요."

"네?"

"제가 왜 오만가지 이상한 사람들 참아가며 사회적 편견과 싸우며 방송도 타고…… 오로지 수술을 하기 위해서였는데요, 민우가 저를 참 기운빠지게 하네요."

"혹시 그 사이에 무슨 일이 있었던 건가요?"

"네…… 민우가 요즘 저에게 시큰둥하게 대해서 의심하던 차에 민우 주머니에 또 다른 핸드폰이 있는 걸 발견했어요. 그건 락을 안 걸어놨더라구요. 그래서 내용을 봤더니 다른 남자와…… 흑흑. 얘기하기도 싫네요. 아무래도 제가 돈 벌고 있는 동안 홍대 게이바 가서 남자를 만난 모양이에요. 저 이제 어떡해요…… 흑흑."

"아…… 견디기 힘드시겠네요. 그래서 어떻게 하셨나요?"

"흑흑흑…… 민우의 또 다른 전화로 그 남자에게 전화해서 밖에서 따로 만났죠. 그런 다음 흠씬 두들겨 패줬어요. 그랬더니 더 가관인 건…… 민우가 집에서 만났을 때 저에게 마구 채근하는 겁니다. 완전 돌았어요. 눈빛이 예전의 민우 눈빛이 아니에요. 그가 아니라구요. 흑흑흑… 다정했던 민우는 어디간지 없고 제가 때린 그 남자 몸만 걱정하는 모습이…… 저에게 두 세 배의 고통을 안겨주었어요. 그게 더 힘들어요. 변한 민우가…… 그리고는 집을 나갔어요. 아무래도 그 남자에게 간 듯해요. 저는 예전의 아무 목표도 없던 저로 다시 돌아왔답니다. 이제 민우가 없으니 인생 전체가 무의미해졌어요. 수술도 해야 할지 안 해야 할지 솔직히 지금으로선 모르겠습니다."

그가 안쓰러운 기분이 들어 나는 함께 울었다. 그리고는 이야기 했다.

"현중 씨, 민우 씨 아니고서도 현중 씨에게 맞는 남자가 있을 거예요. 아무것도 하지 않으면 아무 일도 일어나지 않습니다. 그렇지만 현중 씨가 극복해보려고 뭔가 열심히 노력한다면 그거에 따른 파생결과들이 많이 생기게 된답니다. 예를 들면 방송활동도 활발히 하고 바에 가서 여전히 돈도 버세요. 억지로 한다고 생각하면 더욱더 견디기 힘든 법입니다. 즐기면서 한다고 생각하세요. 그리고 여자가 되어서 예뻐진 본인을 연상해보세요. 하리수도 있었잖아요. 여자보다 더 예뻐지고, 수술도 하고, 돈도 벌었고, 멋진 남자도 만나 결혼했죠. 현중 씨도 활발히게 시간의 흐름에 맡기며 그렇게 민우 씨를 잊고 살다보면, 결국 이런 절묘한 기회가 나타날 수 있습니다. 그러면 그 때 그 기회를 꽉 잡으시면 돼요. 일단 내 맘에서 시키는 거, 그걸 하는 게 정답입니다. 민우 씨를 위해서 수술한다고 생각하던 버릇은 그만 버리세요. 가장 중요한 건 바로 현중 씨 자신입니다. 여자가 되고 싶잖아요. 사춘기 때부터 끊임없이 들던 생각이 바로 그것이잖아요. 그러면 여자가 되는 게 맞아요. 그러려면 이태원 바에 나가서 일하면서 수술비용을 버는 게 또 맞고요. 수술하고 나서는 더 이상 그 일을 안 해도 되요. 그건 현중 씨 판단입니다. 그리고는 수술하고 예쁜 신문사 국장이 되어서 활발한 사회활동하면서 더 좋은 남자를 만나 결혼도 할 수 있는 게 인생입니다. 그러니 인생이 끝났다, 무의미하다. 이런 생각들은 그만 버리시고 그저 앞만 보고 내가 원하는 걸 하세요. 아셨죠?"

"네…… 선생님. 흑흑흑… 알겠습니다."

"떠나간 사람을 잡으려하면 더 도망치기 마련입니다. 그냥 놔두세요. 붙잡지 마세요. 그가 아쉬우면 다시 돌아오더라도… 그건 그 때 생각하고. 일단은 가도록 놔 두세요."

"네."

그 후로 현중 씨의 모습을 각종 TV프로그램에서 더욱 더 많이 볼 수 있게 되었다. 그는 이태원 바에서 이제 일하지 않을 것이다. 수술비용이 방송비용과 광고비용으로 충당되었을 테니 말이다.

나는 아직도 그가 여자로서 의미 있는 행복한 인생을 살도록 기원하고 있다.

사실 성 불편증은 현재로써는 다른 성으로의 전환 수술밖에는 방법이 없다. 수술을 해야 이들은 비로소 행복해진다. 수술을 하기 전에는 이들은 사회적 편견과 주변의 손가락질을 감당해내며 본인자신의 성정체성과 우울증과도 싸운다. 스스로의 성 불편증 때문에 감내해야 할 몫이 너무나 많은 이들을 사회적으로도 따스하게 포용을 해 주어야 할 것이다. 함께 손가락질하는 것보다는 나와 다른 이들을 이해하고 수용하는 사고의 유연성과 따뜻한 사회적 분위기가 중요하다.

- 관계를 들여다보면 당신이 보인다. by MOON

마치며

일본이나 유럽은 성문화가 개방되어 있다. 네덜란드는 매춘이 합법화 되어있고, 심지어 권장하기까지 한다. 외로운 독신남이나 독신녀가 즐길 수 있도록. 독일과 일본 역시 매춘이 합법화되어 있으며 매춘에 종사하는 사람들도 4대보험을 들고, 당당한 근로자로서 살고 있다. 그러니 성폭행이나 성추행 등 성범죄가 매춘이 비합법인 나라에 비하여 상대적으로 낮다.

인도에는 카마수트라라는 성전(性典)이 있다. 거기에서는 꼰 다리를 또 꼬는 듯한 요가 자세를 섹스 체위에 대입하여 남녀의 기의 흐름과 소통을 원활하게 함으로써 궁극적인 성애와 건강한 인생을 추구한다.

이렇게 성을 권장하여 아름다운 성을 즐겨서 좋은 자손을 출산하게 하는 것은 국가전략차원으로도 매우 중요한 일이다.

우리나라도 점점 혼자 사는 독신 가정이 늘고 있다. 젊은 1인 가구에, 100세 시대라 늘어나는 노인 인구와 삶의 질, 성문제, 장애인의 성문제 등은 어떻게 할 것인가?

그렇다고 성매매를 합법화시키자는 위험한 발언은 아니다. 다만, 조금이라도 성을 즐거운 것으로 받아들이는 전국민의 건전한 성인식이 중요하다. 왜 성 이야기가 나오면 저급하게만 보는가? 어떨 땐 '당신들은 안 하고 살아?'라고 외치고 싶을 정도이다.

　　만약 성 개방 정도로만 OECD 가입회원국에서 순위를 매긴다면 아마 우리나라가 꼴찌일 것이다. 가만히 보면 경제수준과 성문화 개방정도는 어느 정도 비례한다. 그런데 우리나라는 경제수준에 비해 성문화 발전이 아직 미비한 수준이다.

　　관건은 '개방'과 '유연한 사고'이다.
　　흥선대원군 때 나라의 빗장을 굳게 걸어 잠근 이후에 시대적 사조로 자리잡은 비개방성, 수문지키기, NOT OPEN MIND…… 그리고 뿌리 깊은 유교사상과 현재의 기독교 문화 등은 성개방과는 거리가 아직도 멀어 보이는 우리의 성인식과 성문화의 현실이다.

　　성이란 아름다운 것이다.
　　성이란 즐거운 것이다.
　　성은 더러운 것이 아니다.
　　성은 음지로 몰면 몰수록 병폐적인 음지문화와 범죄로 발현될 수 있다. 이것이 우리나라의 성 개방에 있어 아쉬운 점이다.

참고문헌

- 〈사람을 읽는 힘 DISC : CEO부터 학생까지, 성공을 여는 행동유형 분석 〉 메릭 로젠버그, 대니얼 실버트 공저, 이미정 옮김
- 〈차크라 힐링 핸드북 : 차크라에 관한 기초 이해와 실제 적용을 위한 안내서〉 샤릴라 샤라먼, 보도 J. 베진스키 공저, 최여원 옮김
- 〈우리가 성에 관해 너무나 몰랐던 일들〉 김성애, 전명희 공저
- 〈(프로이트에서 라깡까지) 위대한 7인의 정신분석가〉 나지오 외 지음, 이유섭 외 옮김
- 〈Sex worker〉 여성문화이론연구소 성노동연구팀 지음
- 〈Life counseling〉 박소영 지음
- 〈불안을 다스리는 10분 명상 : 프랑스 대표 명상책〉 자크 드 쿨롱 지음, 장덕순 옮김
- 〈(기분이 불안정한 당신을 위하여) 조울병으로의 여행〉 바이폴라포럼 지음, 박원명, 손인기, 윤보현, 신영철 대표저자
- 〈우울증인 사람이 더 강해질 수 있다〉 노구치 다카시 지음, 황소연 옮김
- 〈공황장애의 인지행동치료 : 불안과 공황의 극복〉 데이빗 바로우, 미셸 크라스크 공저
- 〈나의 삶을 바꾼 공황과 공포〉 최영희 저
- 〈약 없이 우울증과 싸우는 50가지 방법〉 M. Sara Rosenthal 지음, 이훈진 외 옮김
- 〈자기최면 : 나도 최면을 해봐?〉 류한평 지음
- 〈우울한 마음 다스리기〉 호사끼 히데오 지음, 기원전 편집부 옮김
- 〈A Billion Wicked Thoughts〉 오기 오가스 지음
- 〈Morning Vinyasa Yoga〉Zack Kurland 지음, 하재선 옮김
- 〈심리학, 부부를 만나다: 부부치유 임상에세이〉 임성선 지음
- 〈운명이라 믿었던 사랑이 무너졌을 때…〉 제니스 A. 스프링, 마이클 스프링 공저, 이상춘 옮김
- 〈성과 심리〉 송관재 지음
- 〈여성의 심리학〉 카렌 호나이 지음, 김세영, 정명진 옮김
- 〈(틱낫한 스님이 말하는) 섹스, 그리고 사랑〉 틱낫한 지음, 신소영 옮김

- 《(내 남자를 위한)관계의 심리학》 데이비드 웩슬러 지음, 윤정기 옮김
- 《마흔의 심리학》 이경수, 김진세 지음
- 《유쾌한 심리학 용어사전》 박지영 지음
- 《(정신분석으로 본) 한국인과 한국문화 : 우리 문화, 우리 자화상을 있는 그대로 보기》 이병욱 지음
- 《정신분석적 사례이해》 Nancy Mcwilliams 지음, 권석만 외 옮김
- 《정신분석》 이반 워드 지음, 오스카 저레이트 그림, 이수련 옮김
- 《세상의 온갖 스트레스로부터 나를 지키는 법》 고경봉 지음
- 《(정신분석과)프로이트》 마가렛 마켄하우프트 지음, 김문영 옮김
- 《라캉의 정신분석》 신구 가즈시게 지음, 김병준 옮김
- 《정신분석을 읽는다》 야마다 유카 편저, 김성수 역
- 《정신분석 입문 꿈의 해석》 지그문트 프로이트 지음, 김양순 옮김
- 《새로운 정신분석 강의》 지크문트 프로이트 지음, 김숙진 옮김
- 《(강영계 교수의)프로이트 정신분석학 이야기》 강영계 지음
- 《정신분석 용어사전》 미국 정신분석 학회 편, 이재훈 외 옮김
- 《(한 권으로 읽는)프로이트》 데이비드 스태포드 클라크 지음, 최창호 옮김
- 《게으름뱅이 정신분석 1》 기시다 슈 지음, 우주형 옮김
- 《영화로 읽는 정신분석 : 김서영의 치유하는 영화읽기》 김서영 지음
- 《Mental health & Psychotherapy : psychoanalysis》 이유섭 저
- 《니체와 정신분석학 : 힘에의 의지와 심층의식에 관한 철학적 성찰》 강영계 지음
- 《내 소파 위의 남자들》 N. Brandy 지음, 김고명 옮김
- 《집단정신치료의 이론과 실제》 Irvin D. Yalom, Molyn Leszcz 지음, 최해림, 장성숙 외 옮김
- 《음악치료 이야기》 케네스 브루시아 편, 권혜경 옮김
- 《하룻밤에 읽는 심리학》 후카호리 모토후미 지음, 신혜용 옮김
- 《쇼펜하우어, 집단심리치료》 어빈 얄롬 지음, 이혜성 옮김
- 《행복심리학》 Michael Argyle 지음, 김동기 옮김
- 《(세상에서 가장 재미있는) 심리학 백과사전 : 관계를 움직이는 심리학의 모든 것》 김문성 편저
- 《MBTI와 나의 가족이해》 김정택 외 엮음
- 《MBTI로 보는 데이트와 사랑》 알렉산더 아빌라 지음, 문희경 옮김
- 《심리검사 = Psychological testing: 개발과 평가방법의 이해》 탁진국 지음
- 《임상심리검사의 이해 = Clinical guide to psychological assessment》 김재환, 오상우 지음
- 《(자기 스스로 행하는)마음치유》 Fred Friedberg 지음, 정종진 외 옮김
- 《이야기 치료의 이론과 실제 : 부부치료를 중심으로》 J. Freedman, G. Combs 공저
- 《유능한 카운슬러, 성공하는 카운슬링》 유진 케네디 지음, 이일남 옮김
- 《이야기 심리치료》 Nossrat Peseschkian 지음, 오승은 옮김

- 〈요가수트라〉 鄭泰爀 지음
- 〈상담과 심리검사〉 김계현 외 지음
- 〈상처 입은 마음의 성형 : 스물여섯 가지 미술치료의 길〉 Barry M. Cohen, Mary-Michola Barnes 지음
- 〈세 가지 그림심리검사〉 Rawley Silver 지음, 이근매 옮김
- 〈PESUN〉 여한구, 박경화 공저
- 〈이상심리학의 기초〉 권석만 지음
- 〈지적장애 성범죄자 심리치료〉 William R.Lindsay 지음
- 〈남편 성격만 알아도 행복해 진다〉 이백용, 송지혜 공저
- 〈애니어그램의 정복〉 에디 피츠거랠드, 에일리스 버긴 공저
- 〈행복을 부르는 성〉 김재연 지음
- 〈ESSENTIALS OF PSYCHIATRIC DIAGNOSIS〉 Allen Frances 지음
- 〈여자가 섹스를 하는 237가지 이유〉 신디 메스턴, 데이비드 버스 공저
- 〈남자의 사랑은 섹스다〉 데이비드 징크젠코 지음
- 〈SPECIAL UPDATE FOR DSM-5〉Ronald J. Comer 지음
- 〈현대 심리학 입문〉 현성용 외 16명 공저
- 〈상담심리학의 이론과 실제〉 천성문, 이영순, 박명숙, 이동훈, 함경애 공저

문지영의 섹스테라피

1판 1쇄   2016년 5월 9일

지은이 | 문지영

발행인 | 서동우
디자인 | 고민정

펴낸곳 | 문학여행
주 소 | 경기도 구리시 건원대로 92,
    114동 303호 출판그룹 한국전자도서출판(주)
홈페이지 | www.koreaebooks.com
이메일 | contact@koreaebooks.com
팩 스 | 0507-517-0001
원고투고 | edit@koreaebooks.com
출판등록 | 제2016-000001호

ISBN   979-11-957549-0-8 (13180)